CÓMO USAR ESTE LIBRO

1. PREPARA LÁPIZ Y GOMA, PUEDES USAR BOLÍGRAFOS O CUALQUIER HERRAMIENTA QUE TE GUSTE.

2. EMPIEZA DIBUJANDO LIGERAMENTE PARA QUE PUEDA BORRARSE FÁCILMENTE SI HAY ERRORES.

3. CONTINÚA SIGUIENDO LA FLECHA.

4. DESPUÉS DE COMPLETAR UN DIBUJO, PUEDES COLOREARLO COMO QUIERAS.

¡PRACTICA!

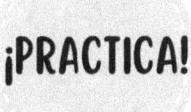

PINGÜINO

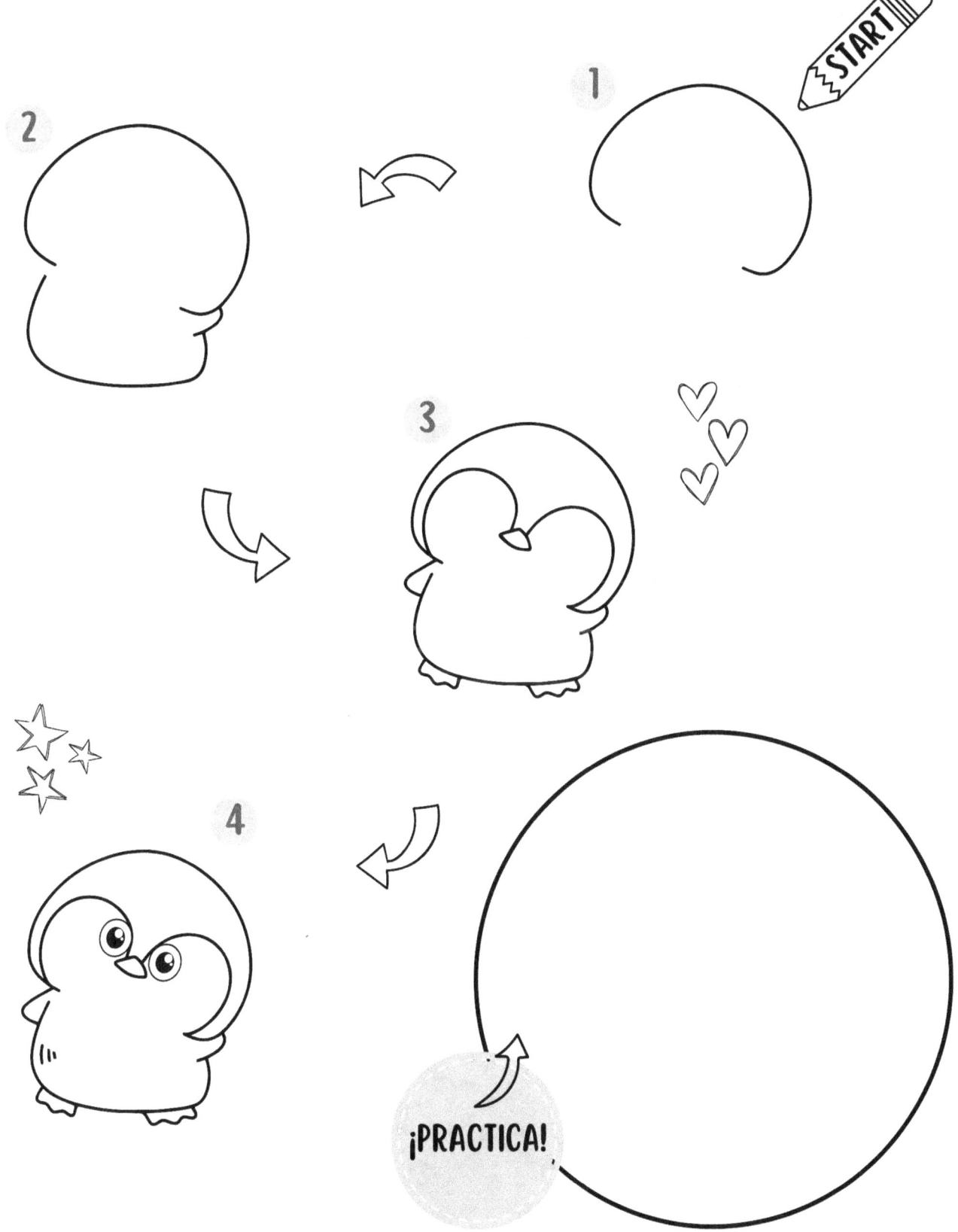

START

1

2

3

4

¡PRACTICA!

NUBE

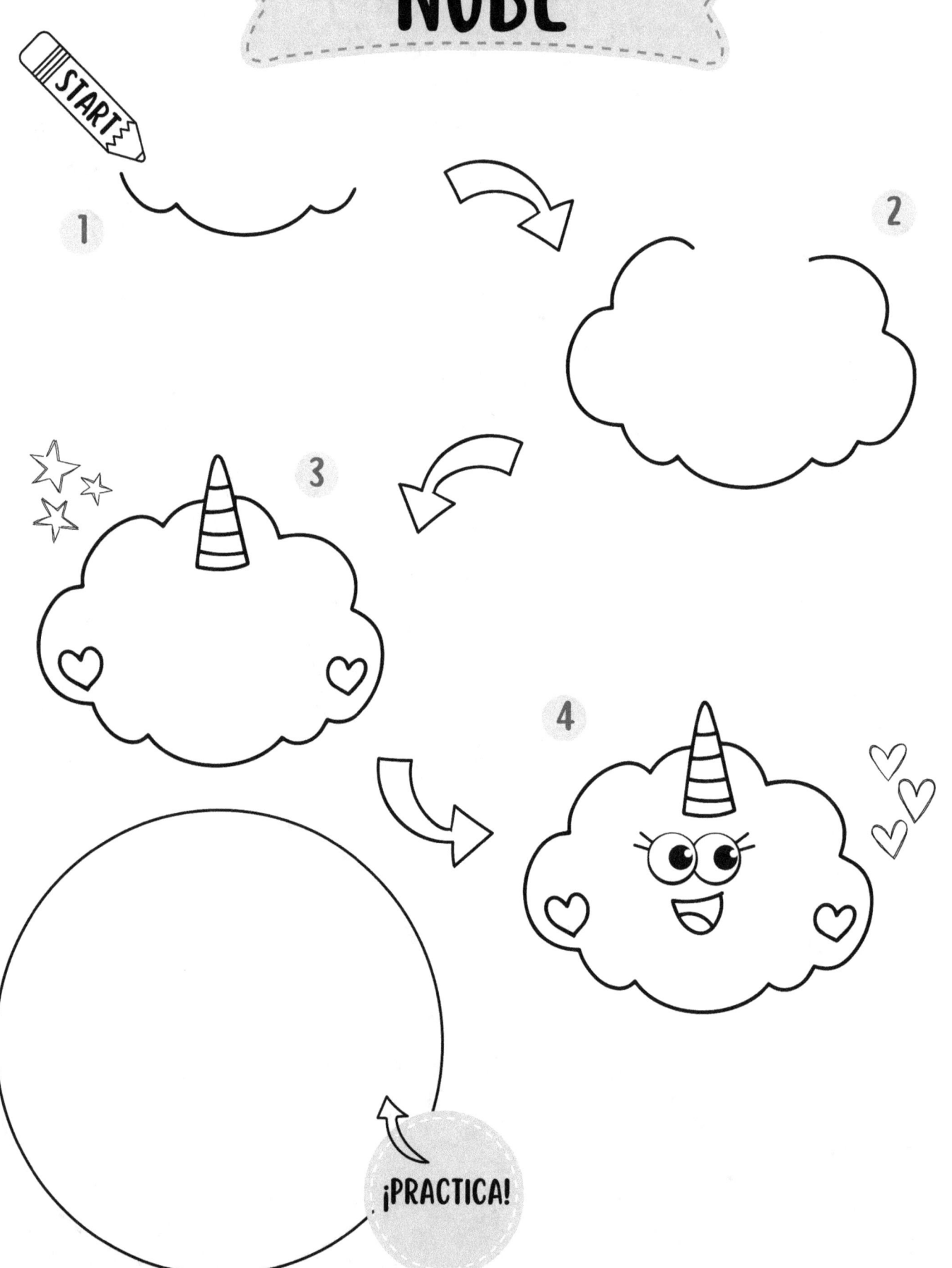

START

1

2

3

4

¡PRACTICA!

NARVAL

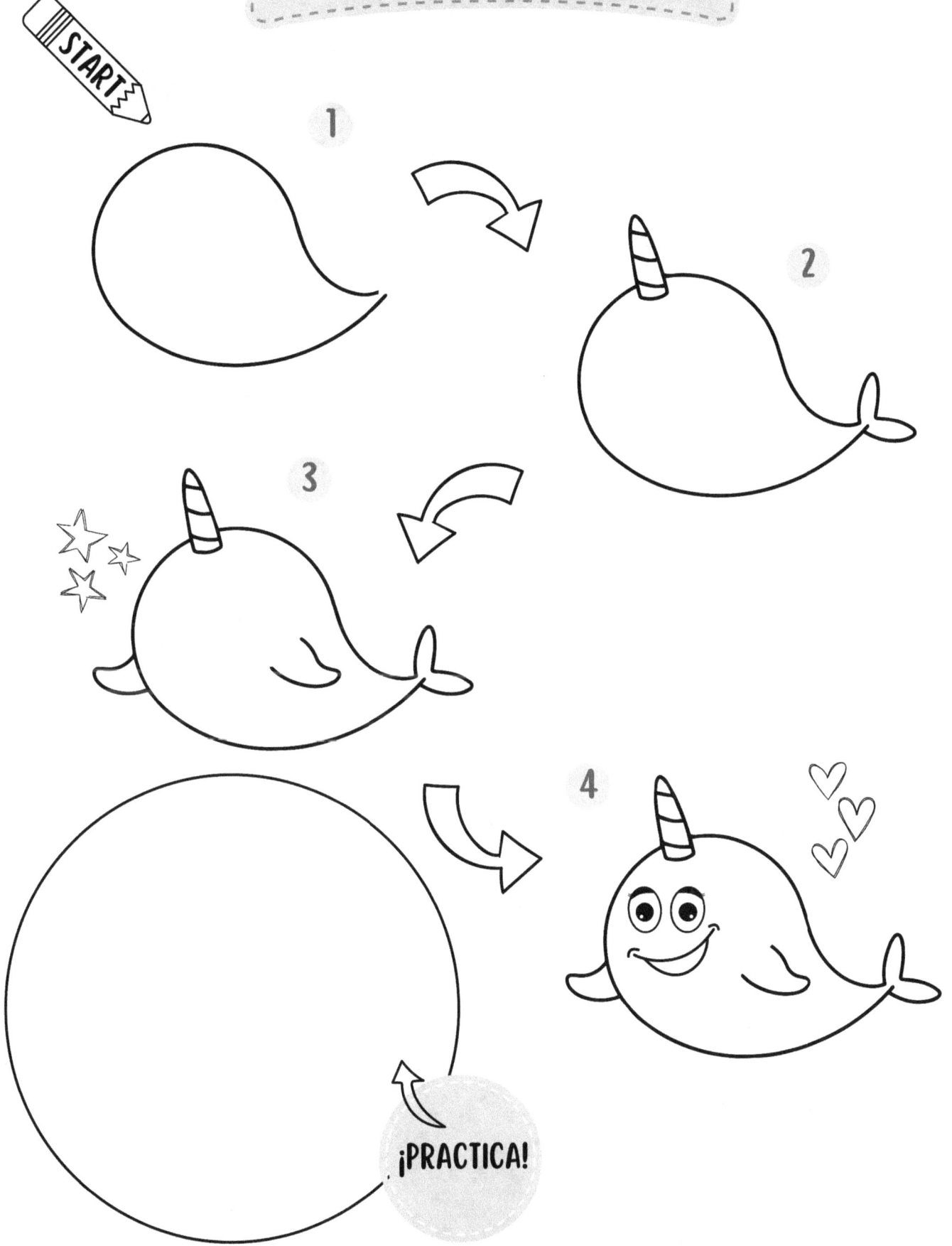

START

1

2

3

4

¡PRACTICA!

CUPCAKE

START

1

2

3

4

¡PRACTICA!

AJOLOTE

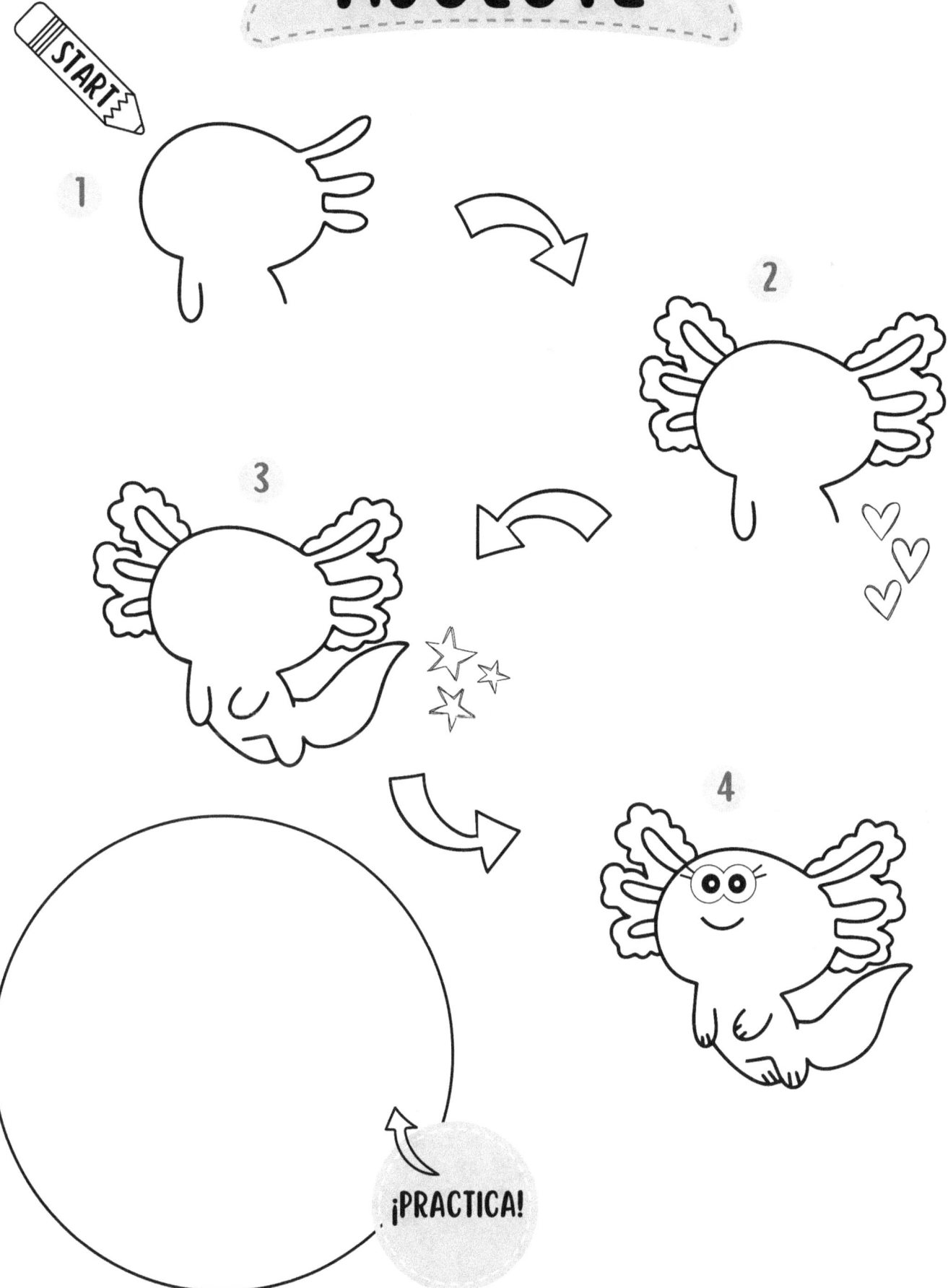

START

1

2

3

4

¡PRACTICA!

BANANA

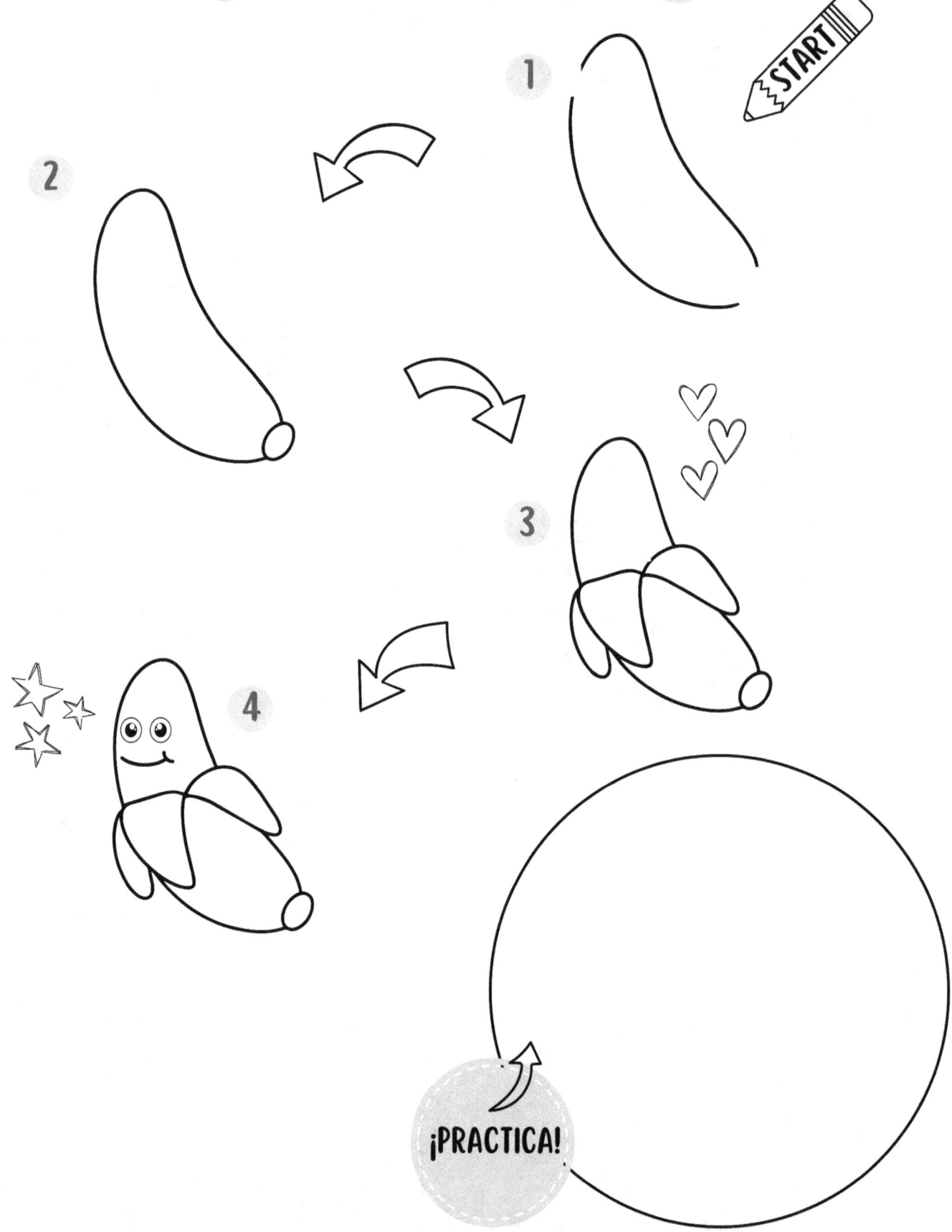

START

1

2

3

4

¡PRACTICA!

ELEFANTE

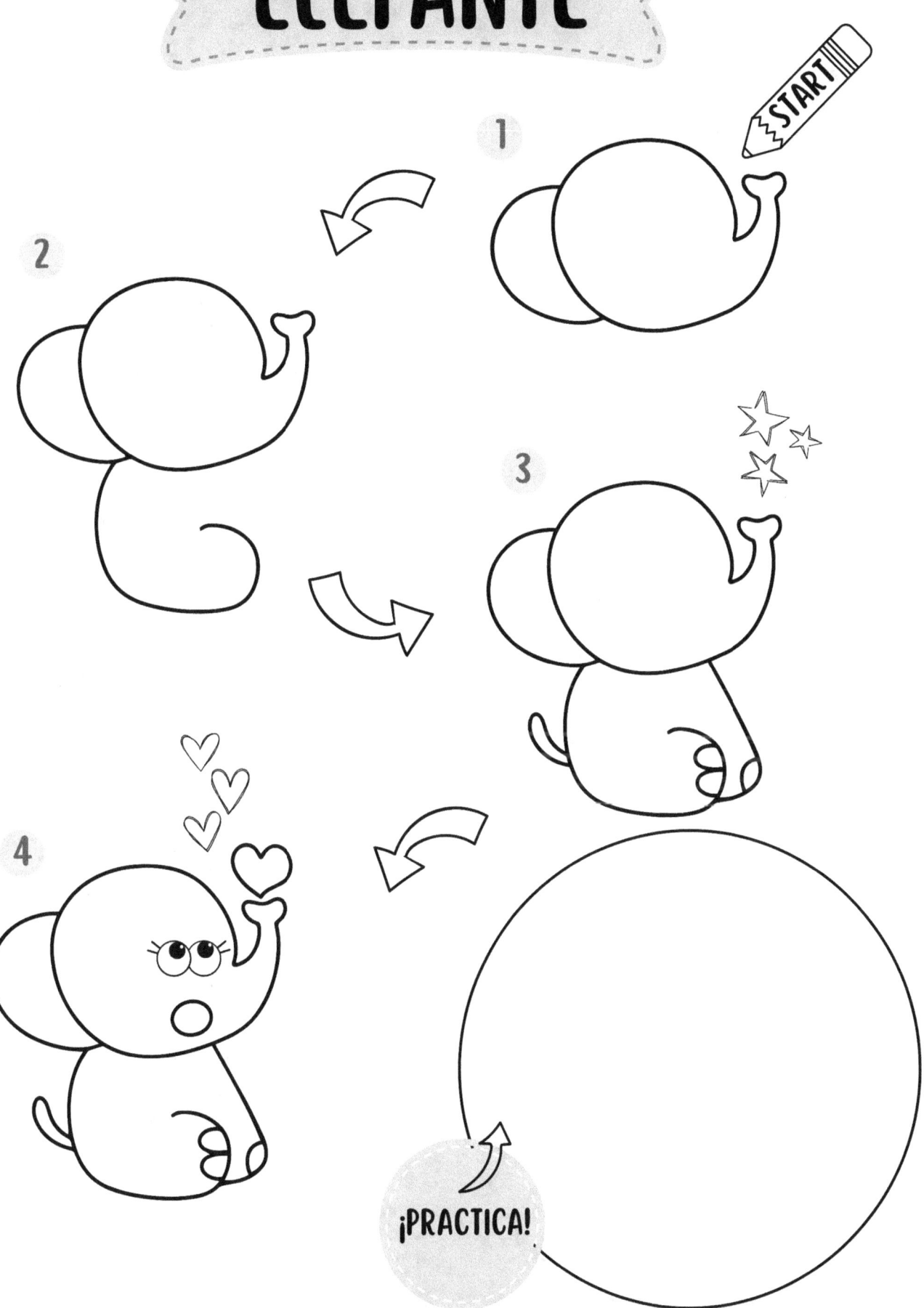

AGUACATE

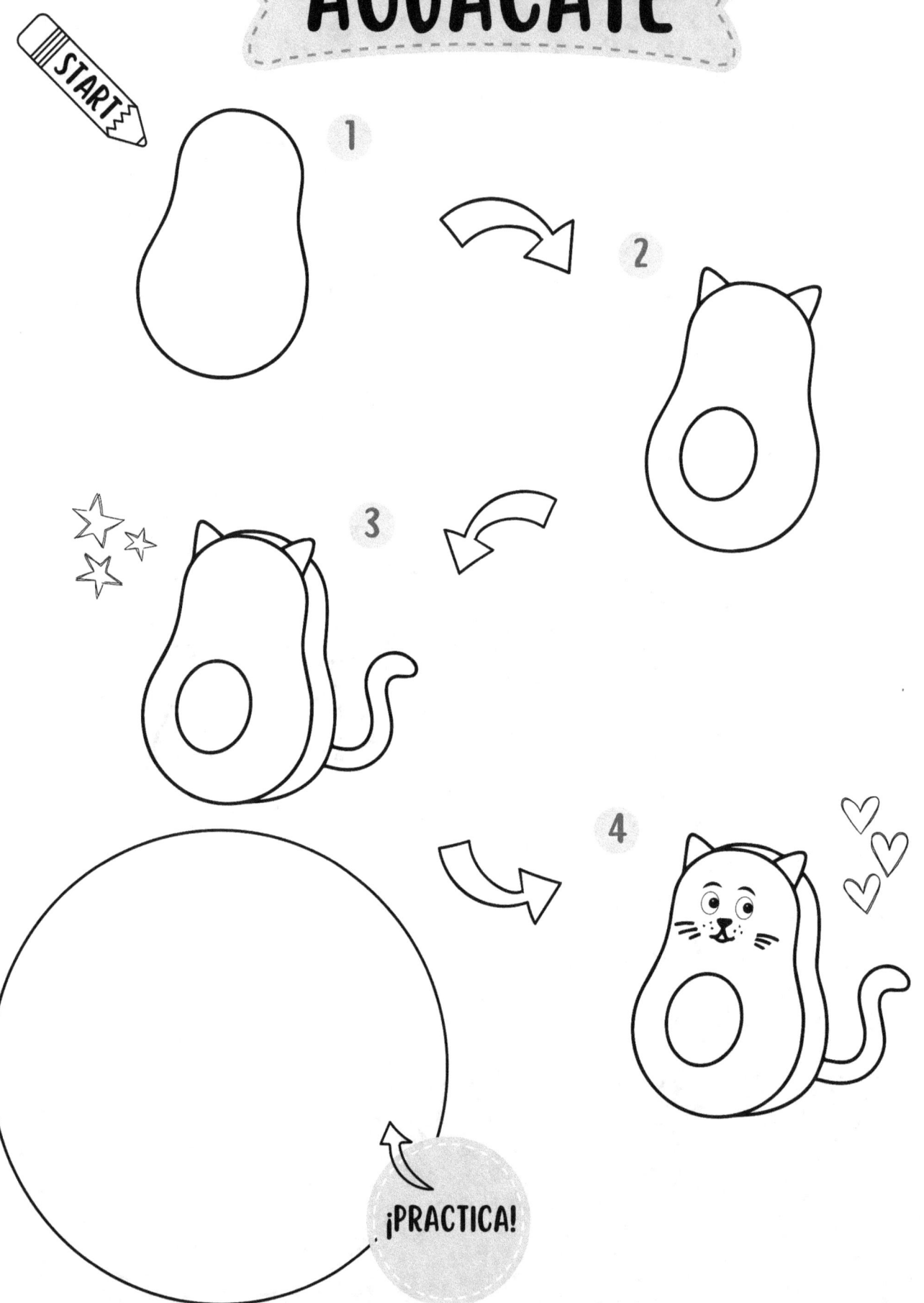

START

1

2

3

4

¡PRACTICA!

ALOE VERA

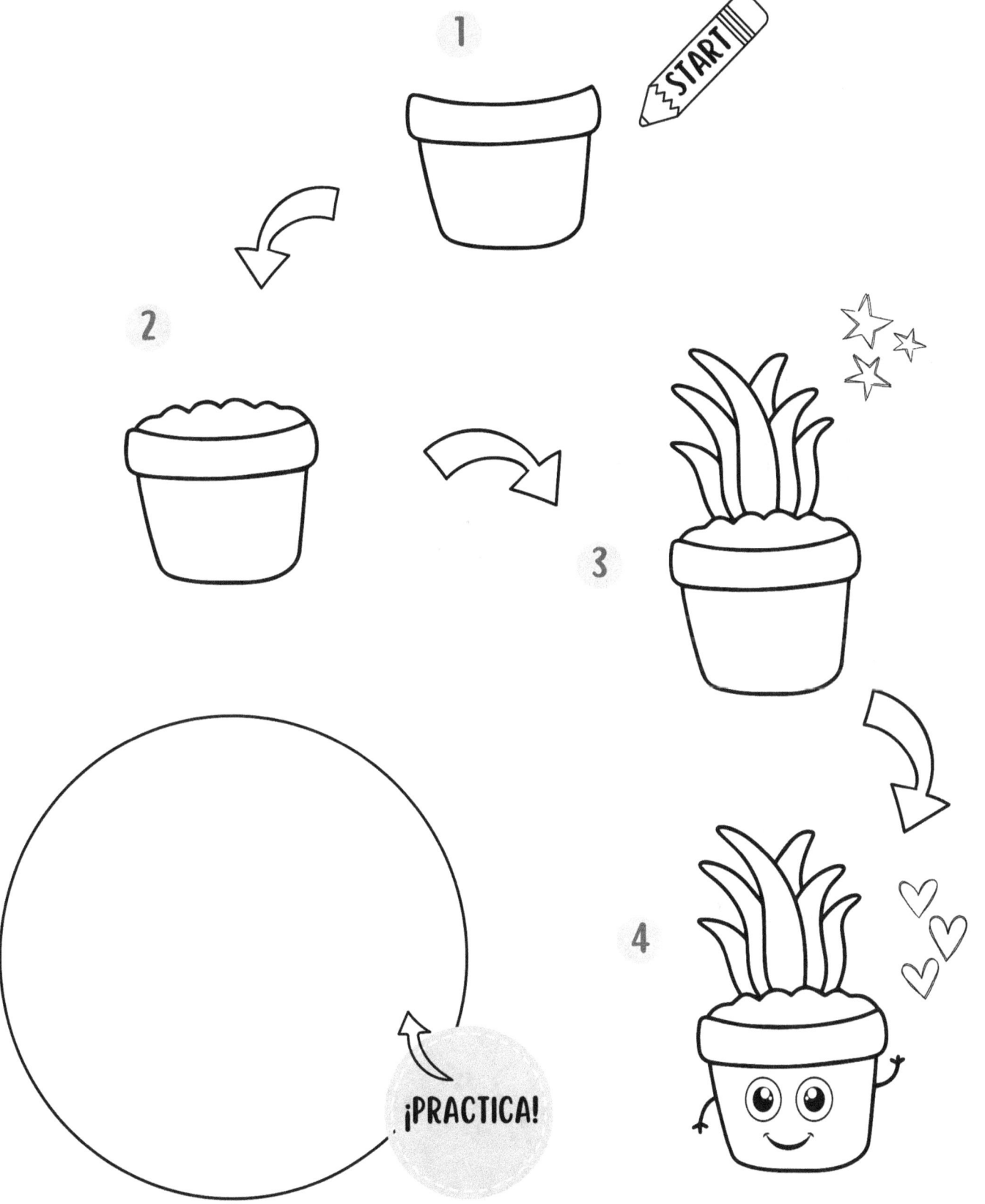

1

START

2

3

4

¡PRACTICA!

PALOMITAS

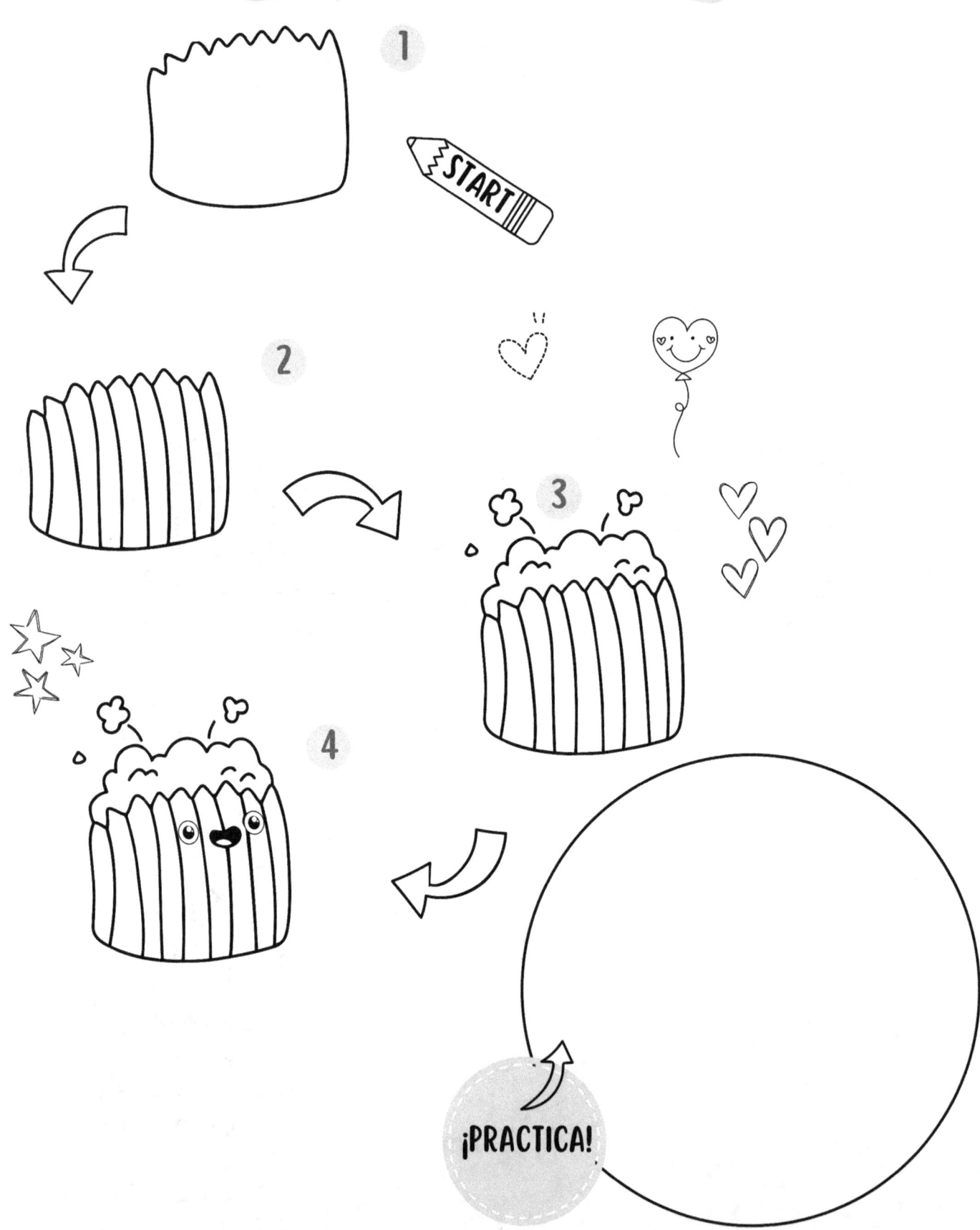

1

START

2

3

4

¡PRACTICA!

MARIPOSA

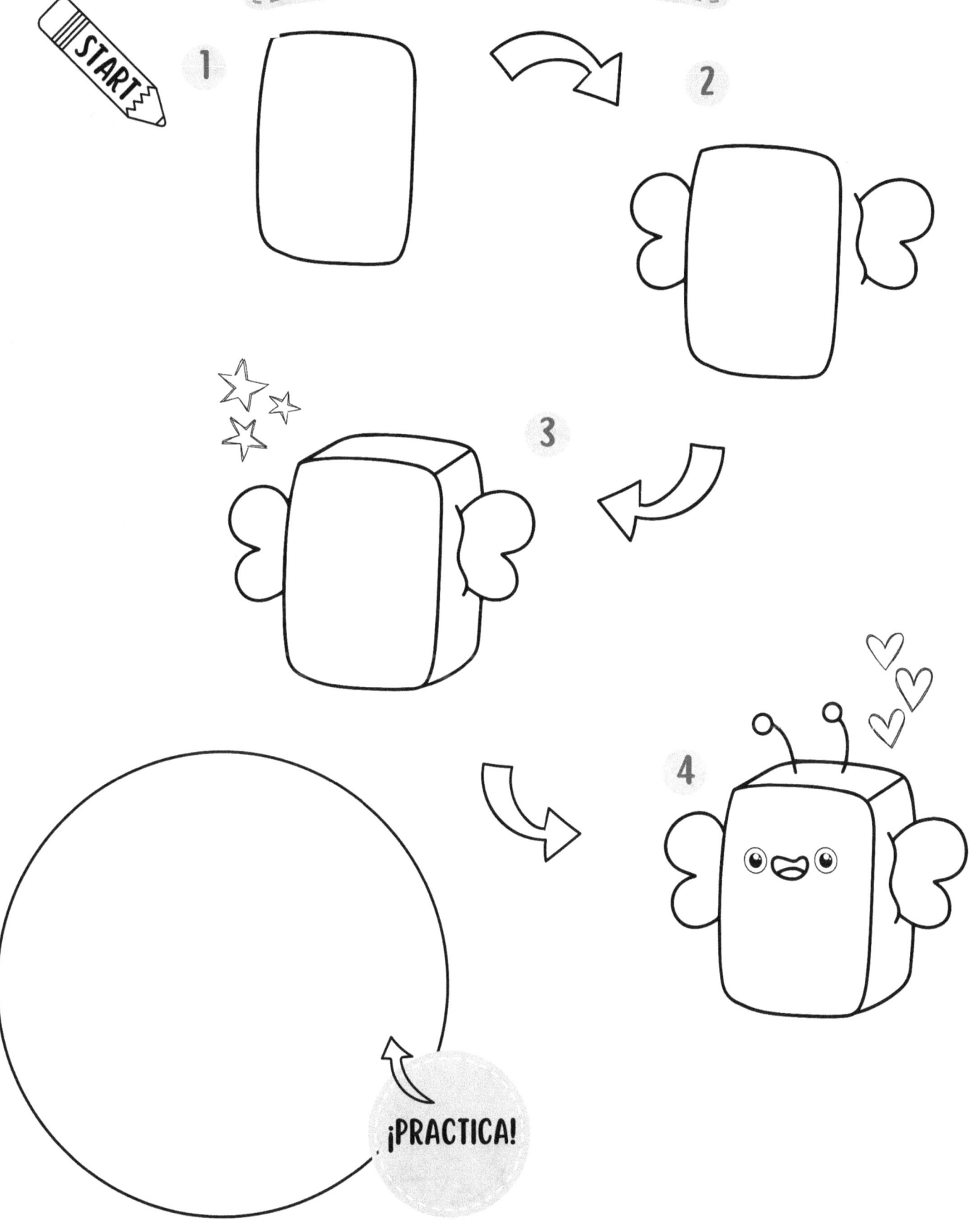

START

1

2

3

4

¡PRACTICA!

DÓNUT

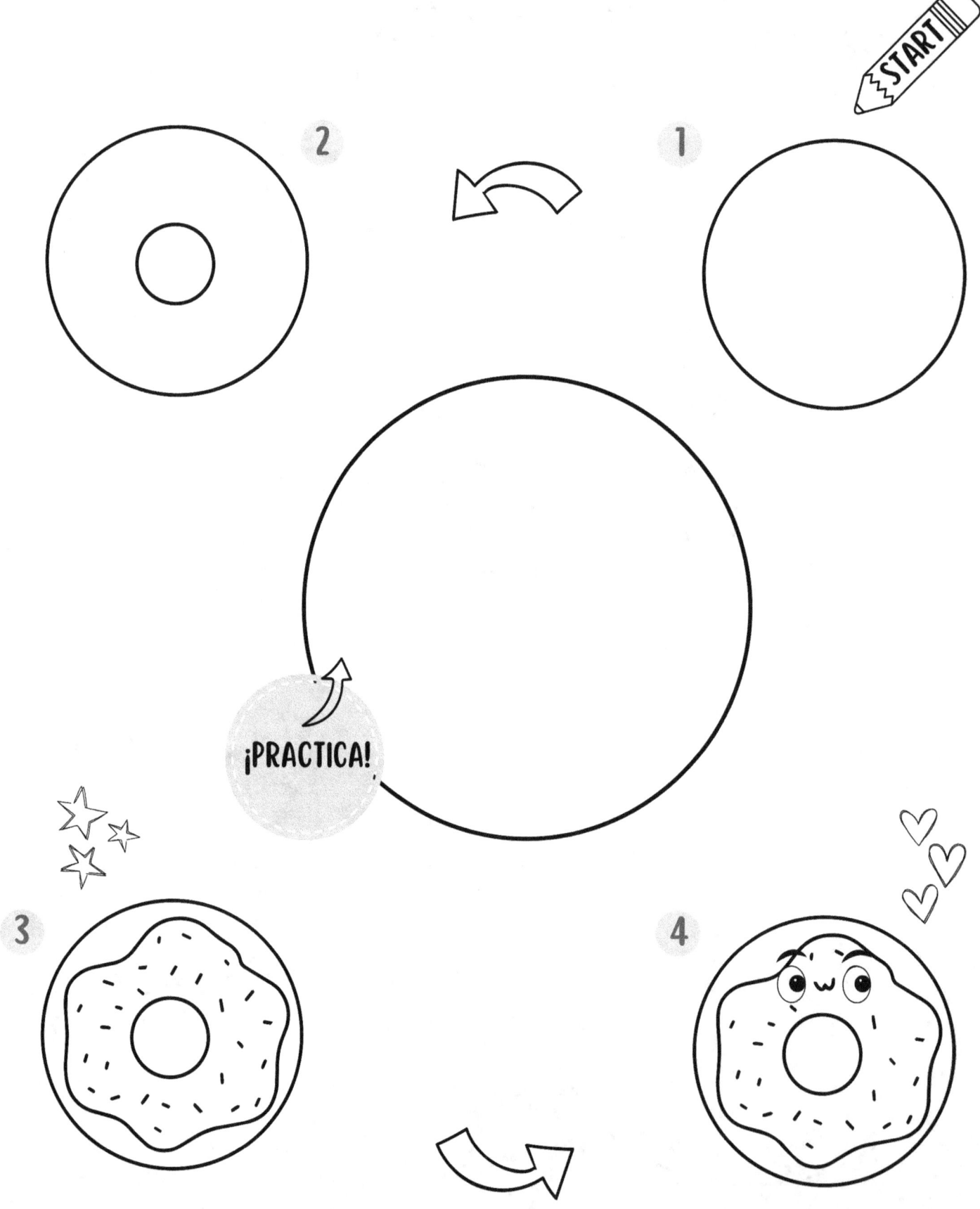

START

2   1

¡PRACTICA!

3   4

DINOSAURIO

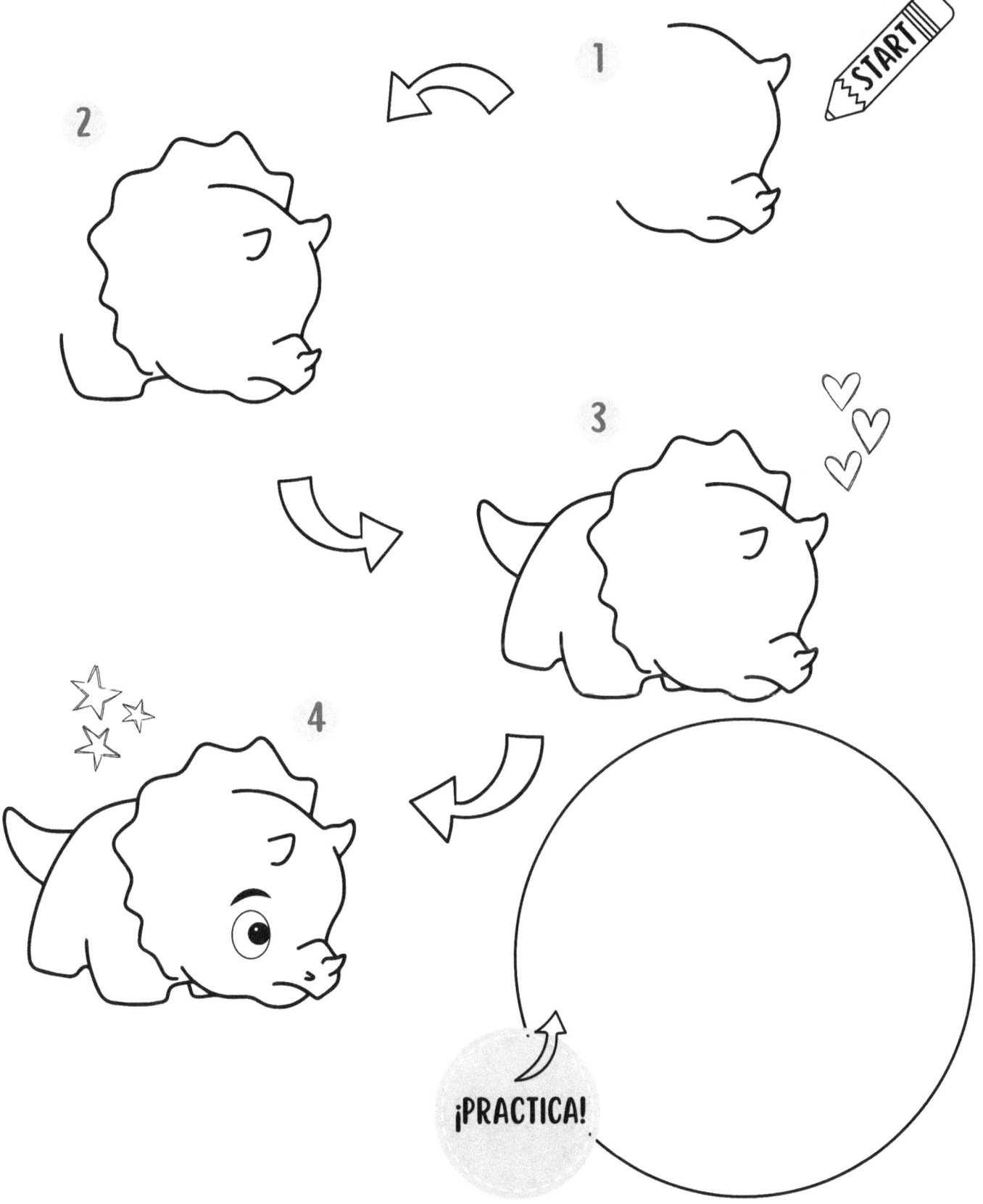

1

START

2

3

4

¡PRACTICA!

GELATINA

START

1

2

3

4

¡PRACTICA!

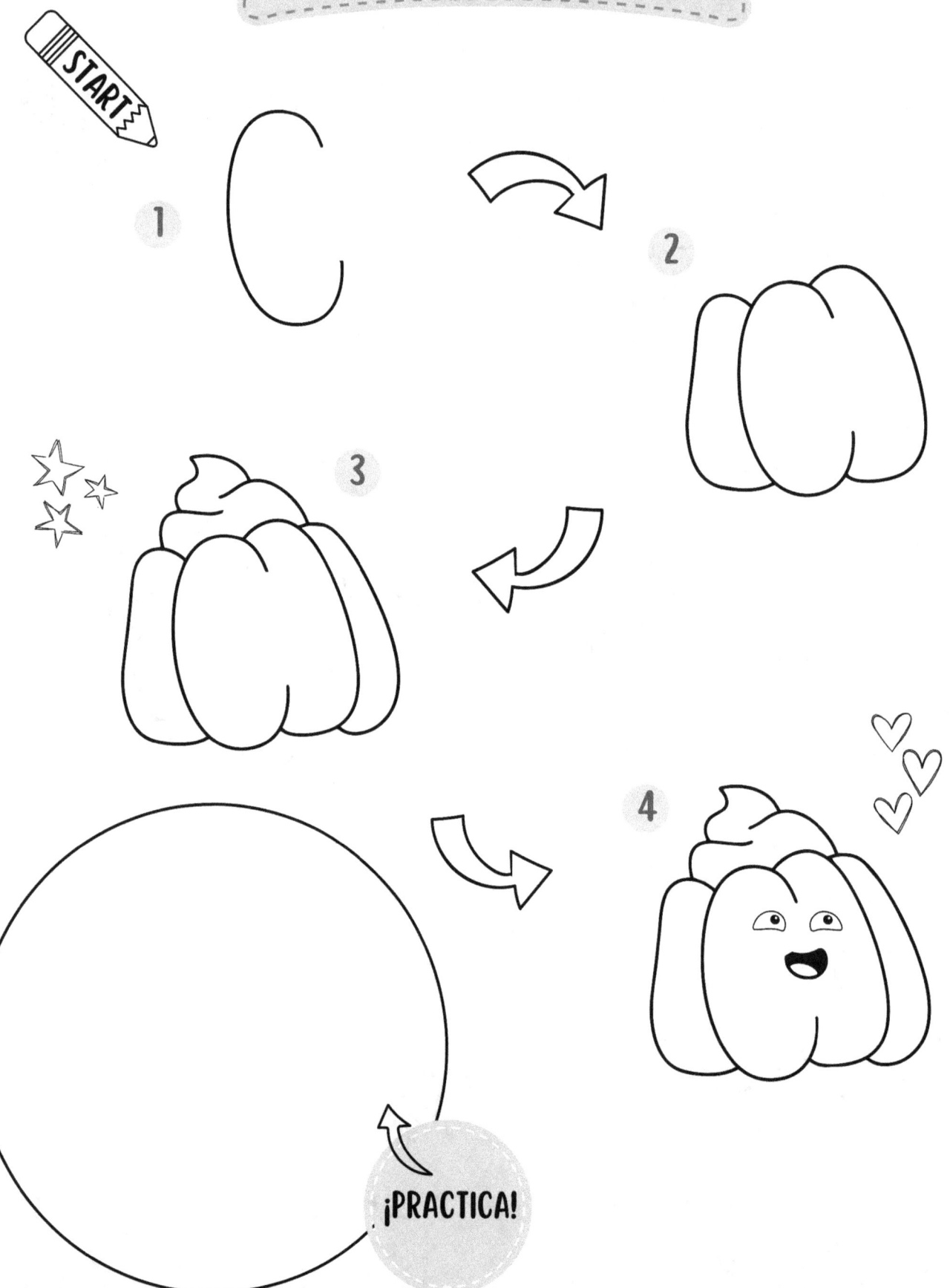

PARAGÜAS

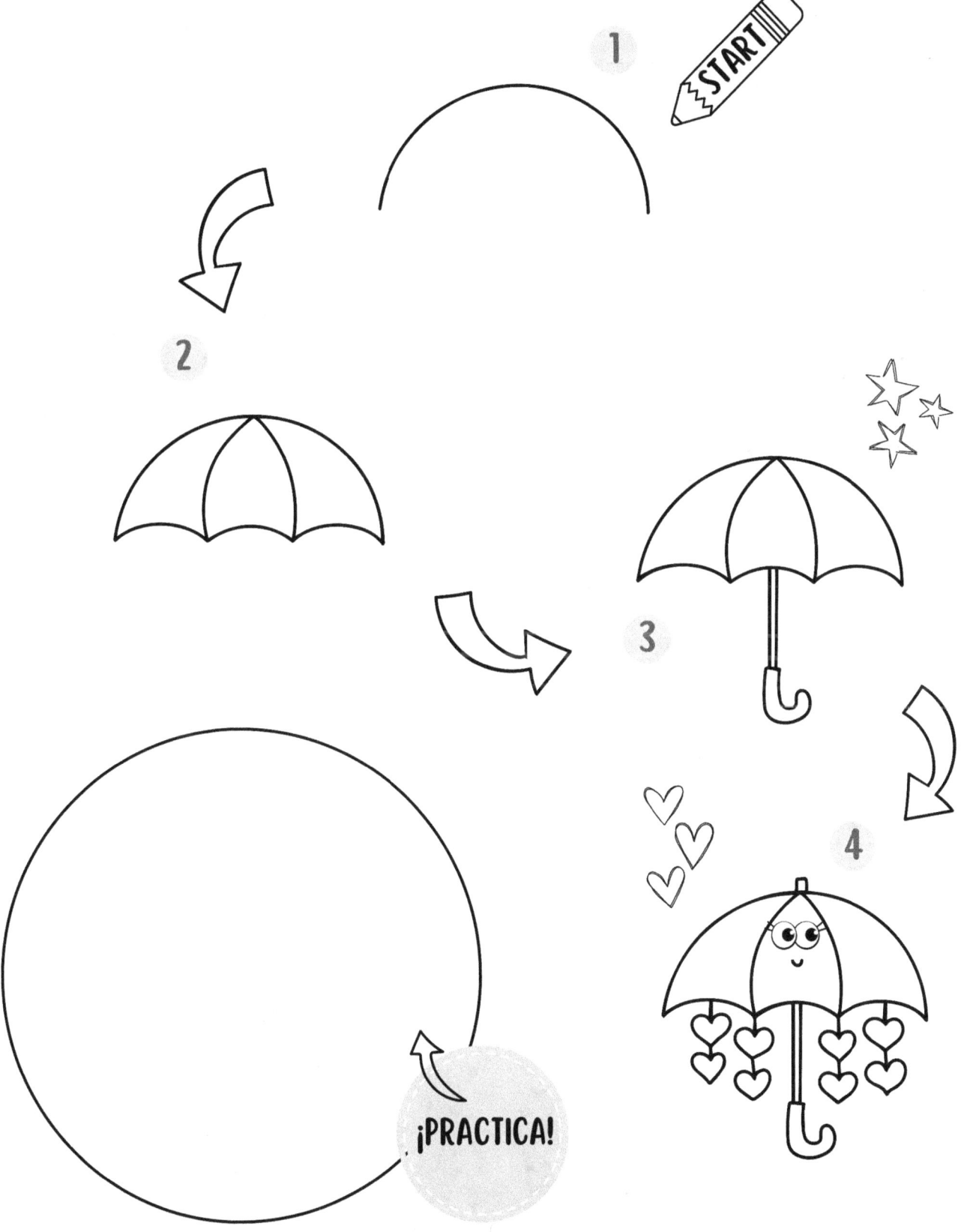

1 START

2

3

4

¡PRACTICA!

HAMSTER

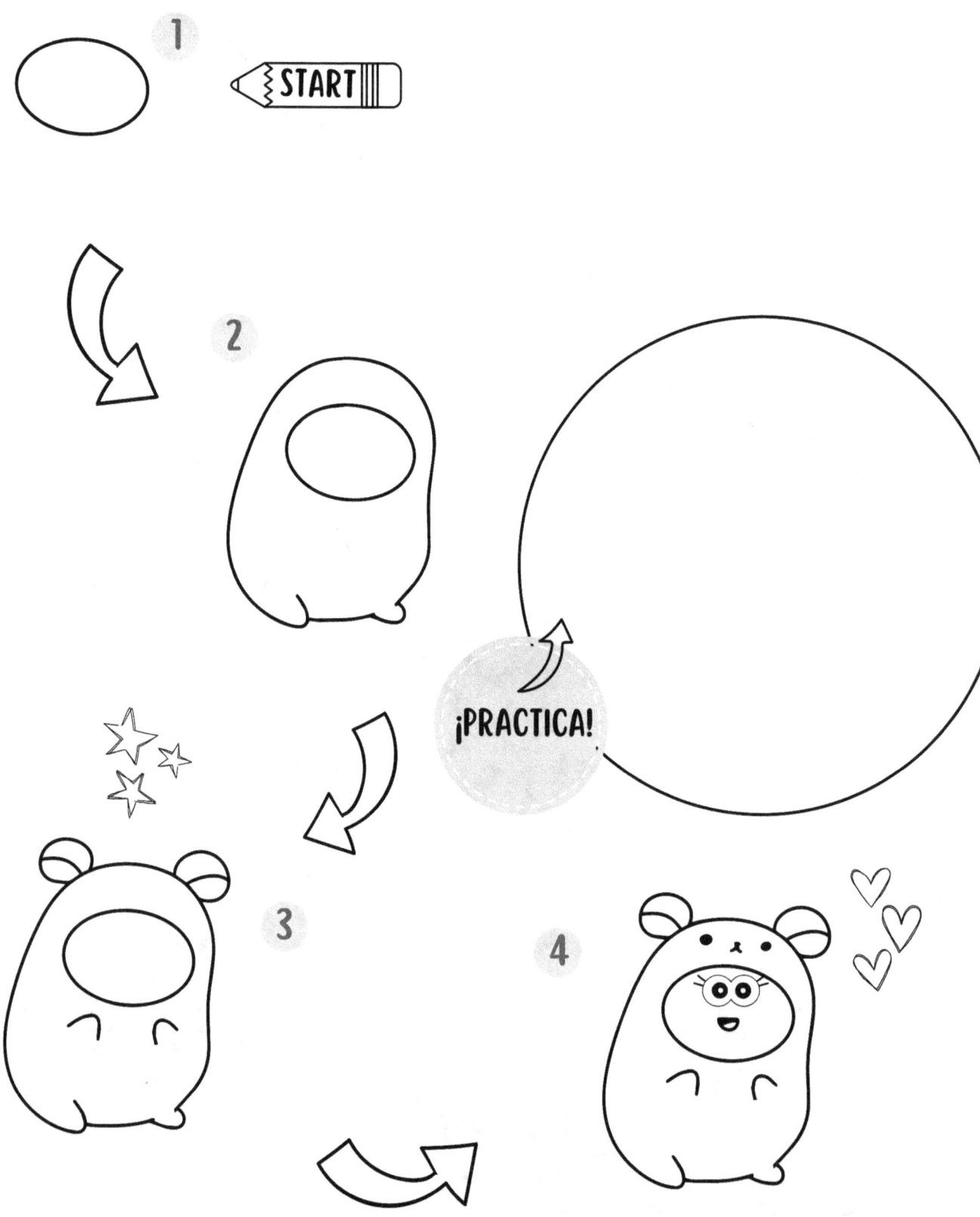

1

START

2

¡PRACTICA!

3

4

CEREZAS

START

1

2

3

4

¡PRACTICA!

SUSHI

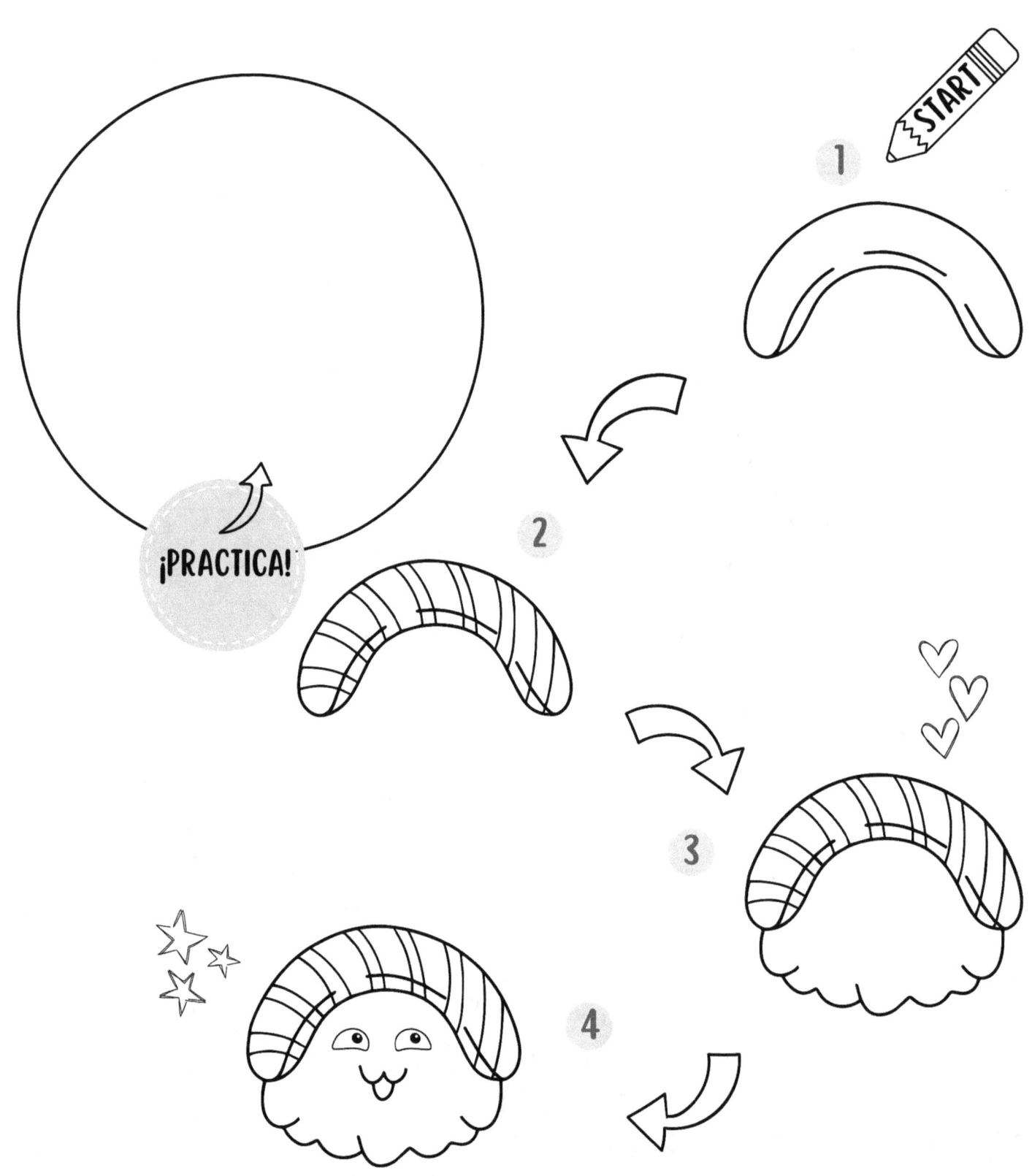

START

1

2

¡PRACTICA!

3

4

PÁJARO

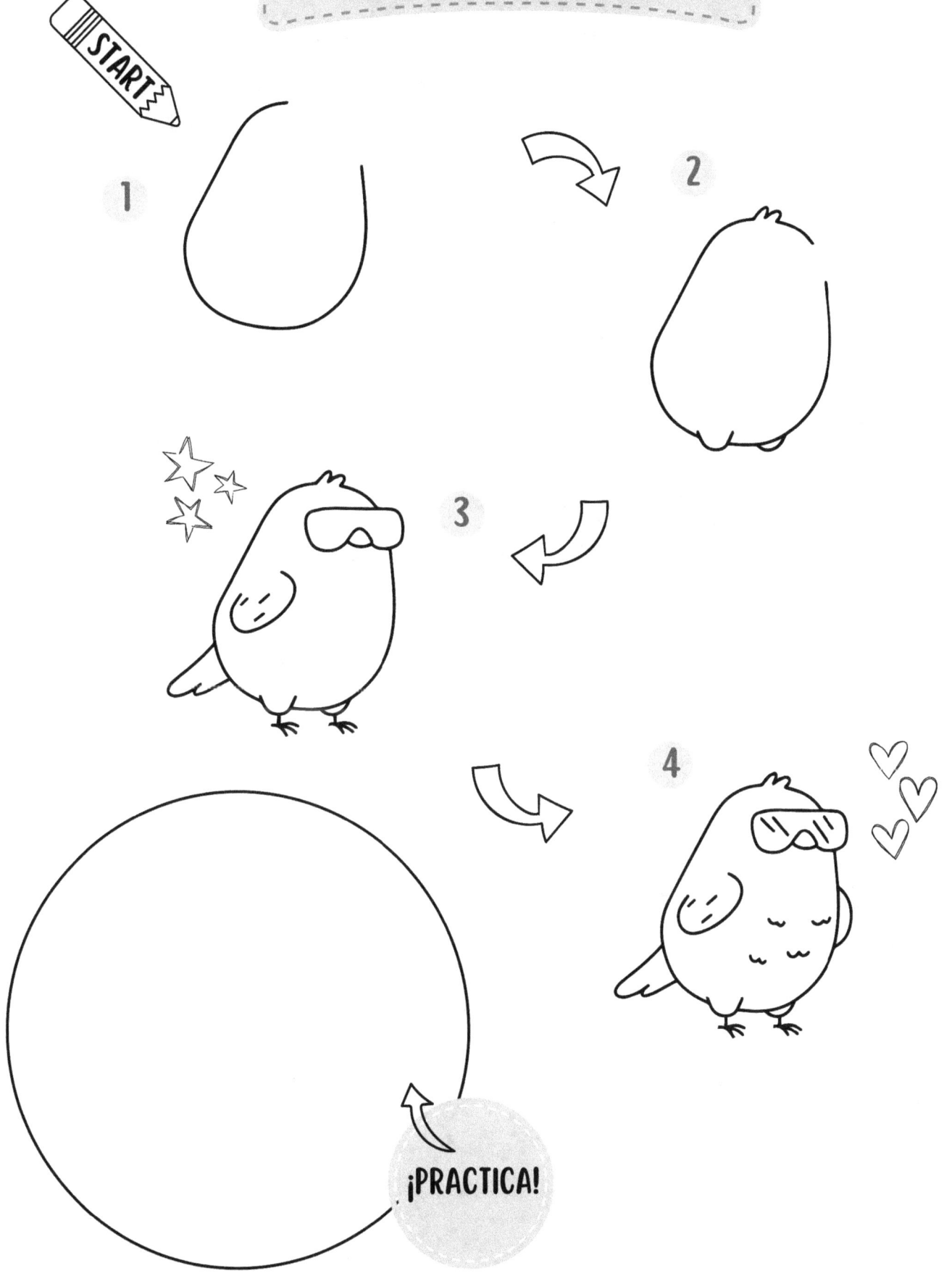

START

1

2

3

4

¡PRACTICA!

CARACOL

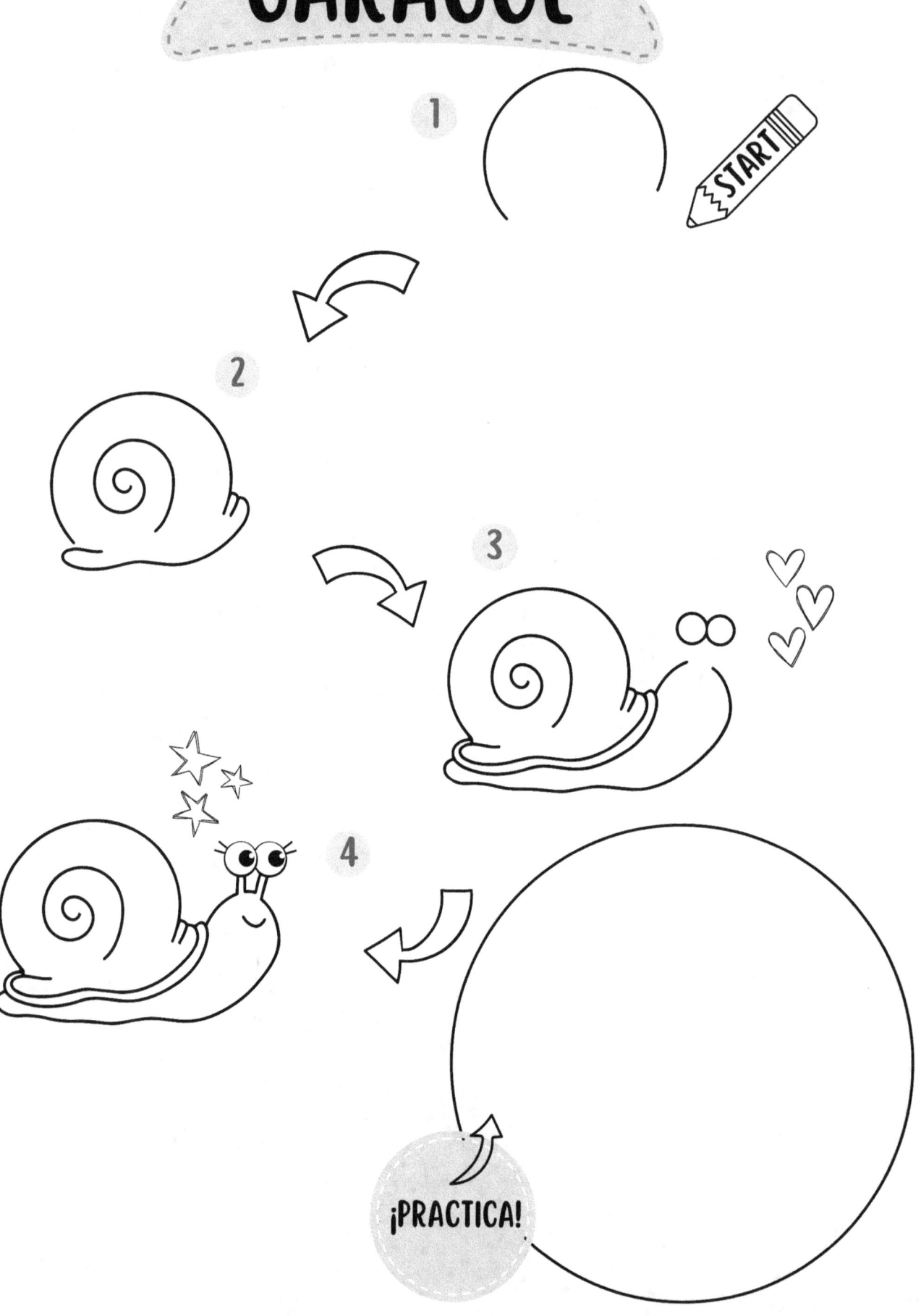

1

START

2

3

4

¡PRACTICA!

ZUMO

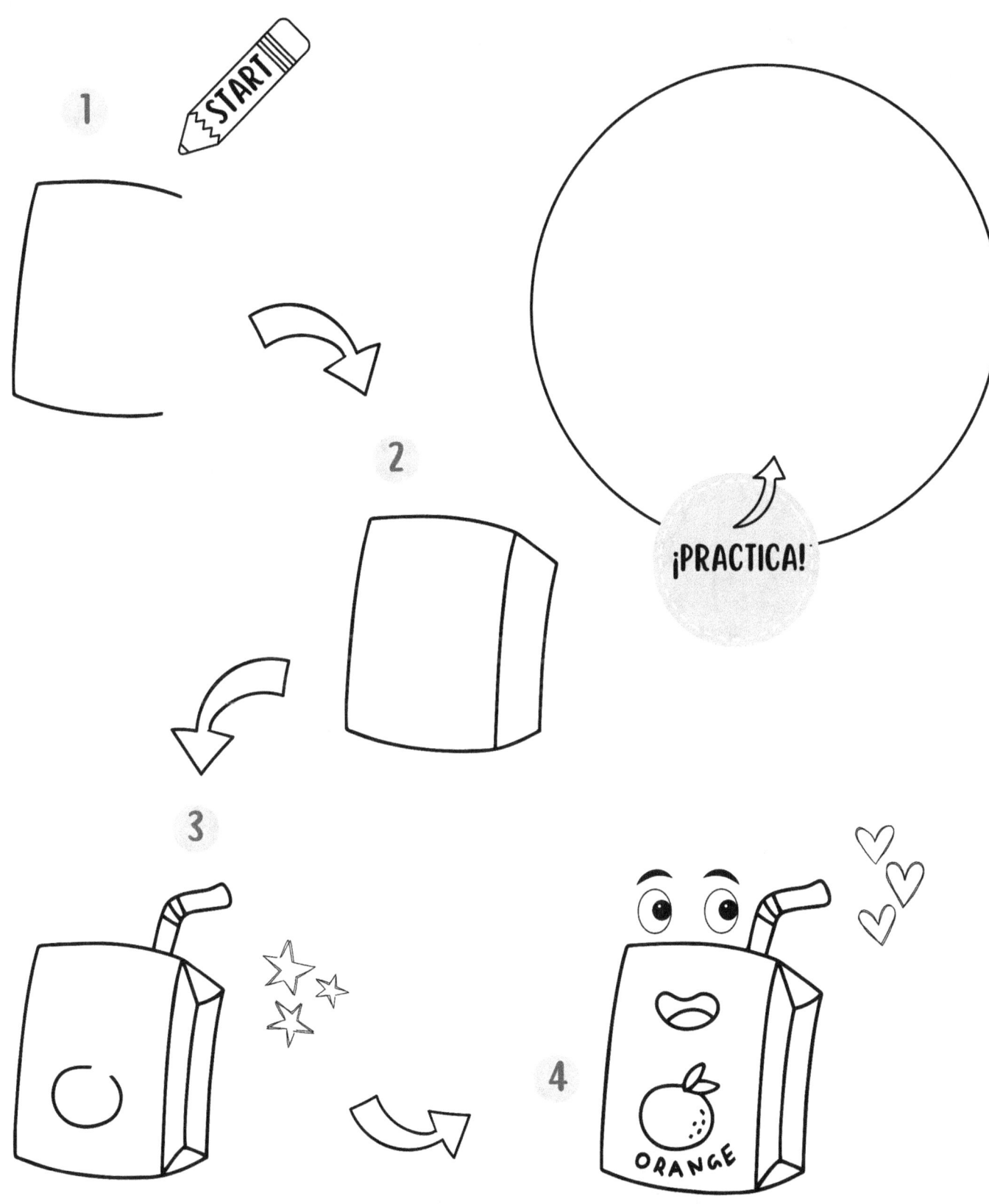

START

1

2

¡PRACTICA!

3

4

ORANGE

FANTASMA

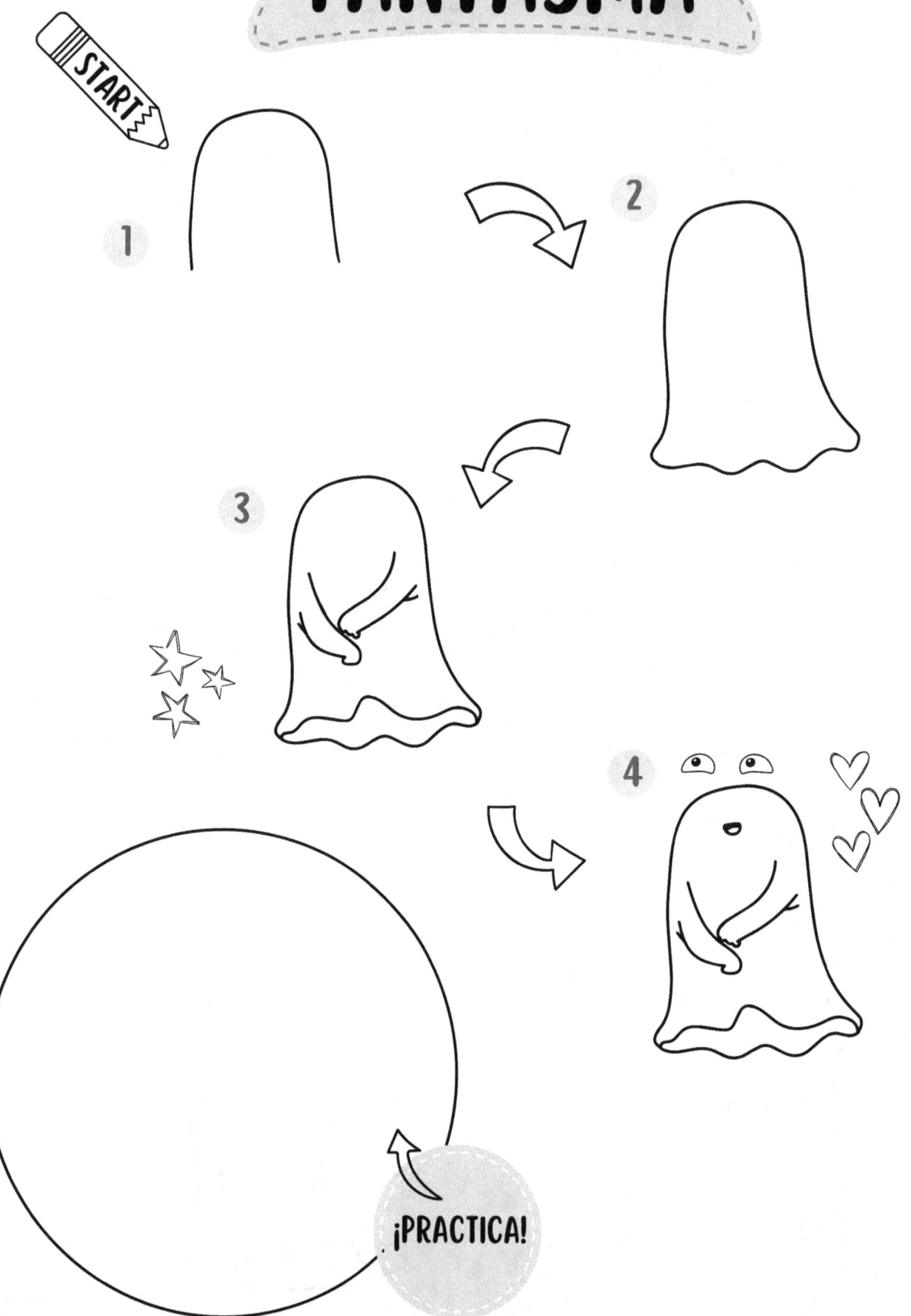

START

1

2

3

4

¡PRACTICA!

FLOR

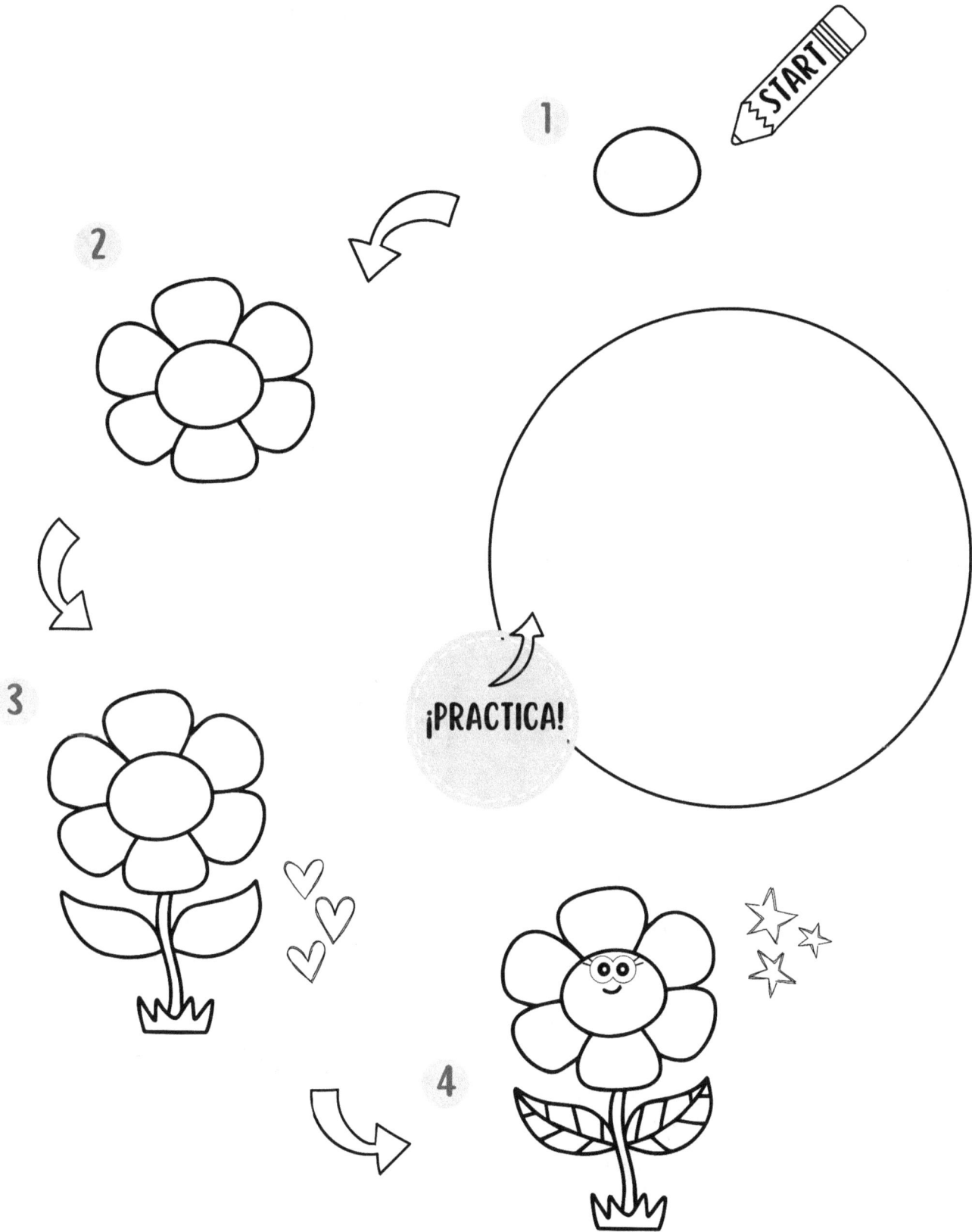

CALAMAR

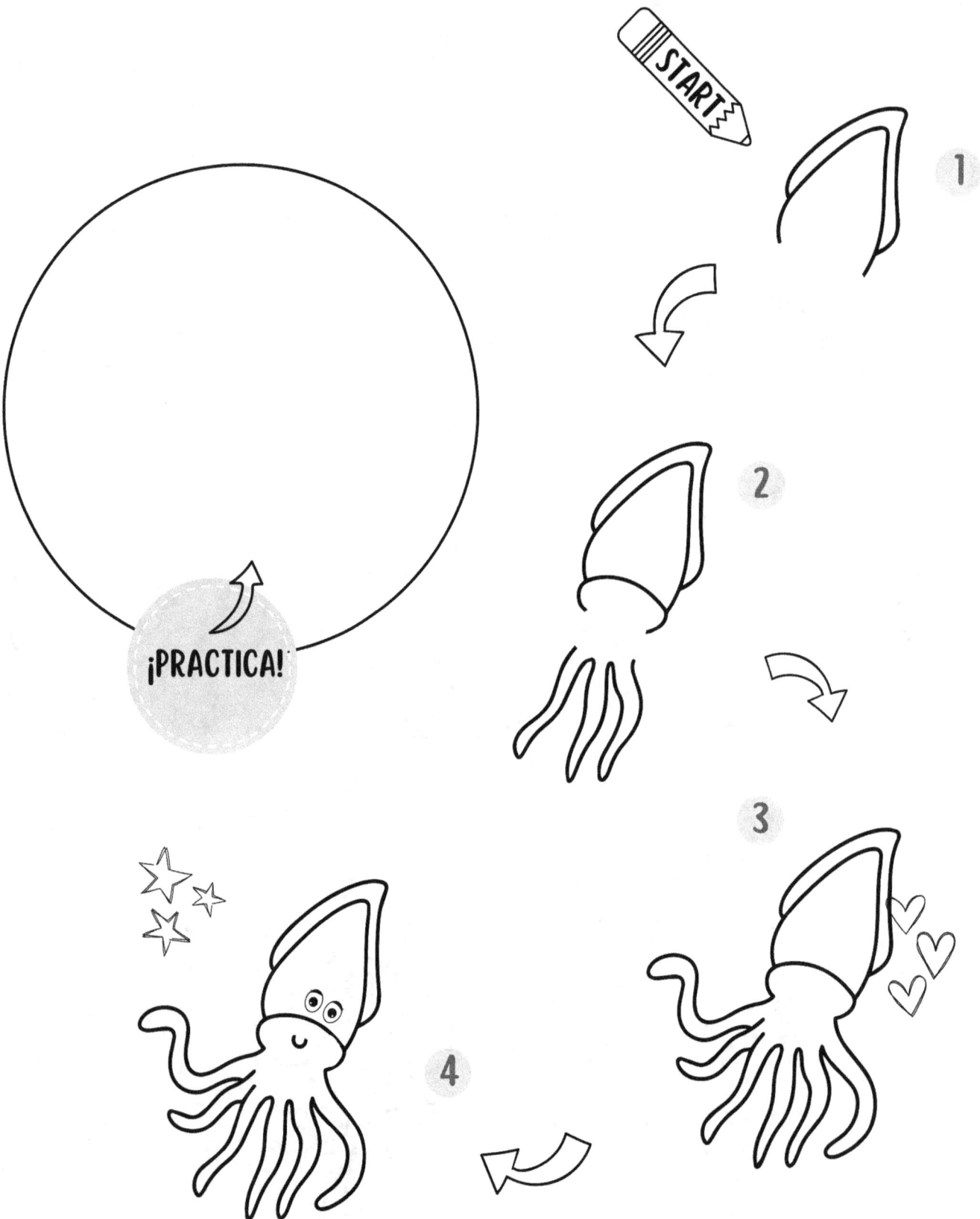

START

1

2

¡PRACTICA!

3

4

PAPEL WC

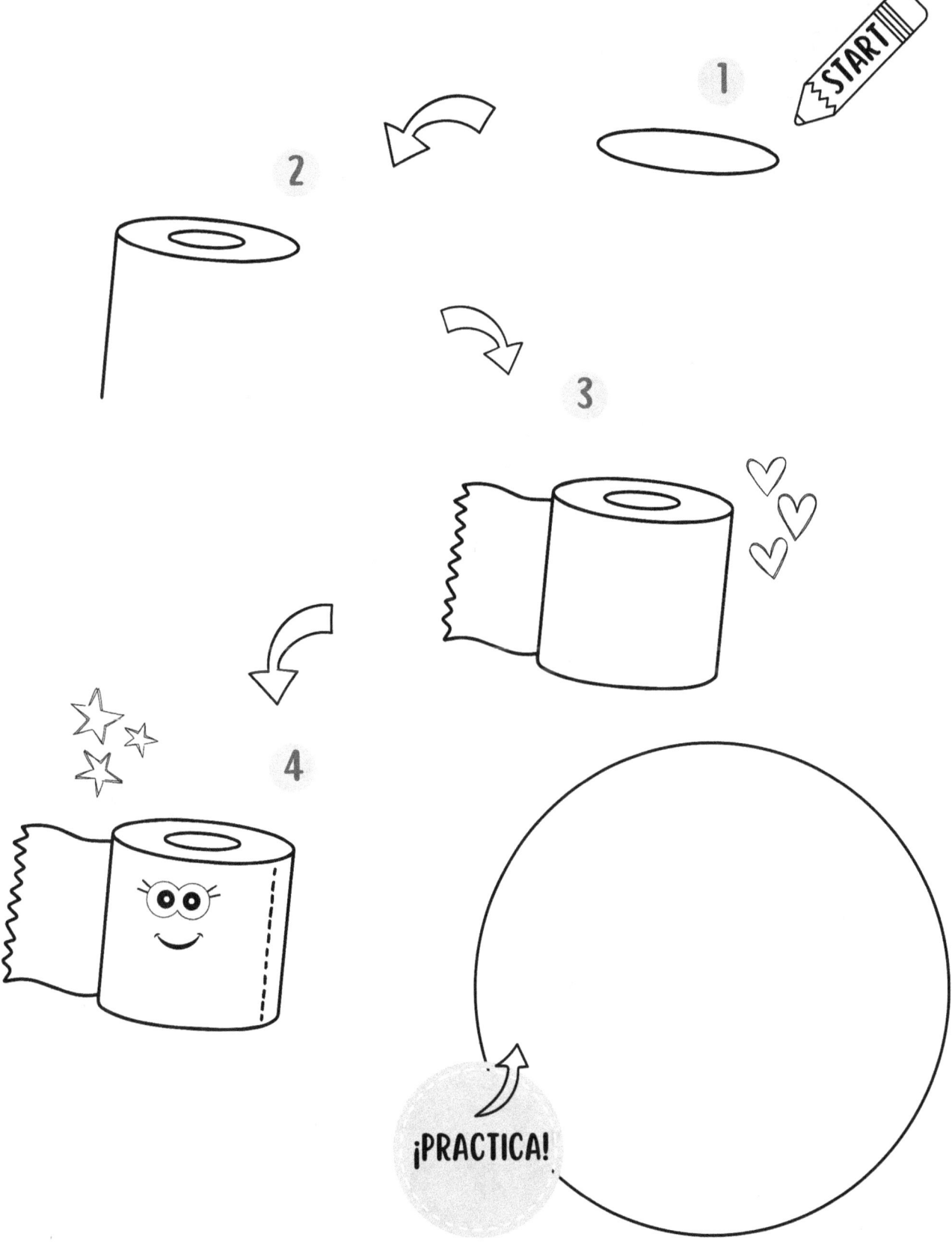

START

1

2

3

4

¡PRACTICA!

PERA

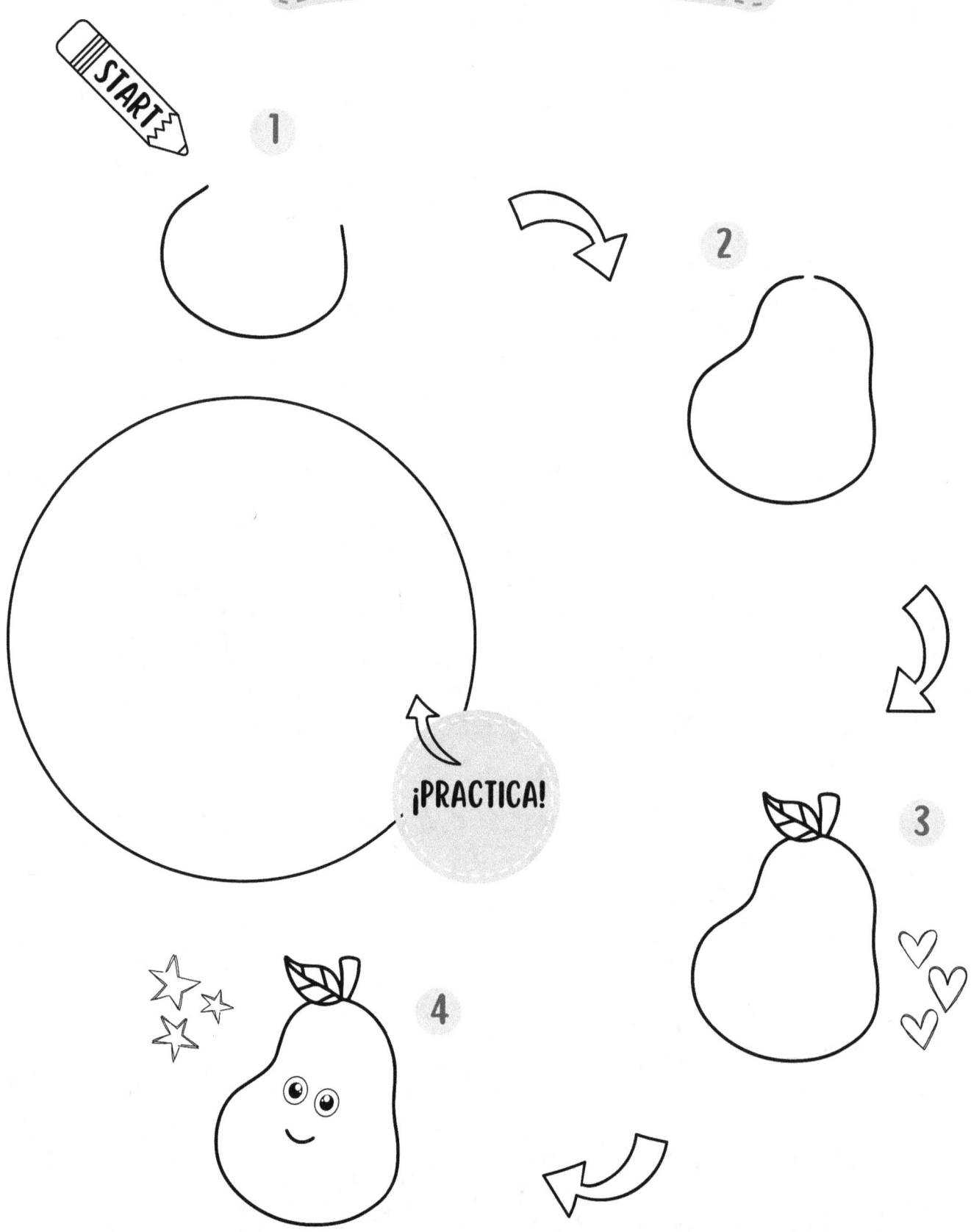

START

1

2

¡PRACTICA!

3

4

TORTUGA

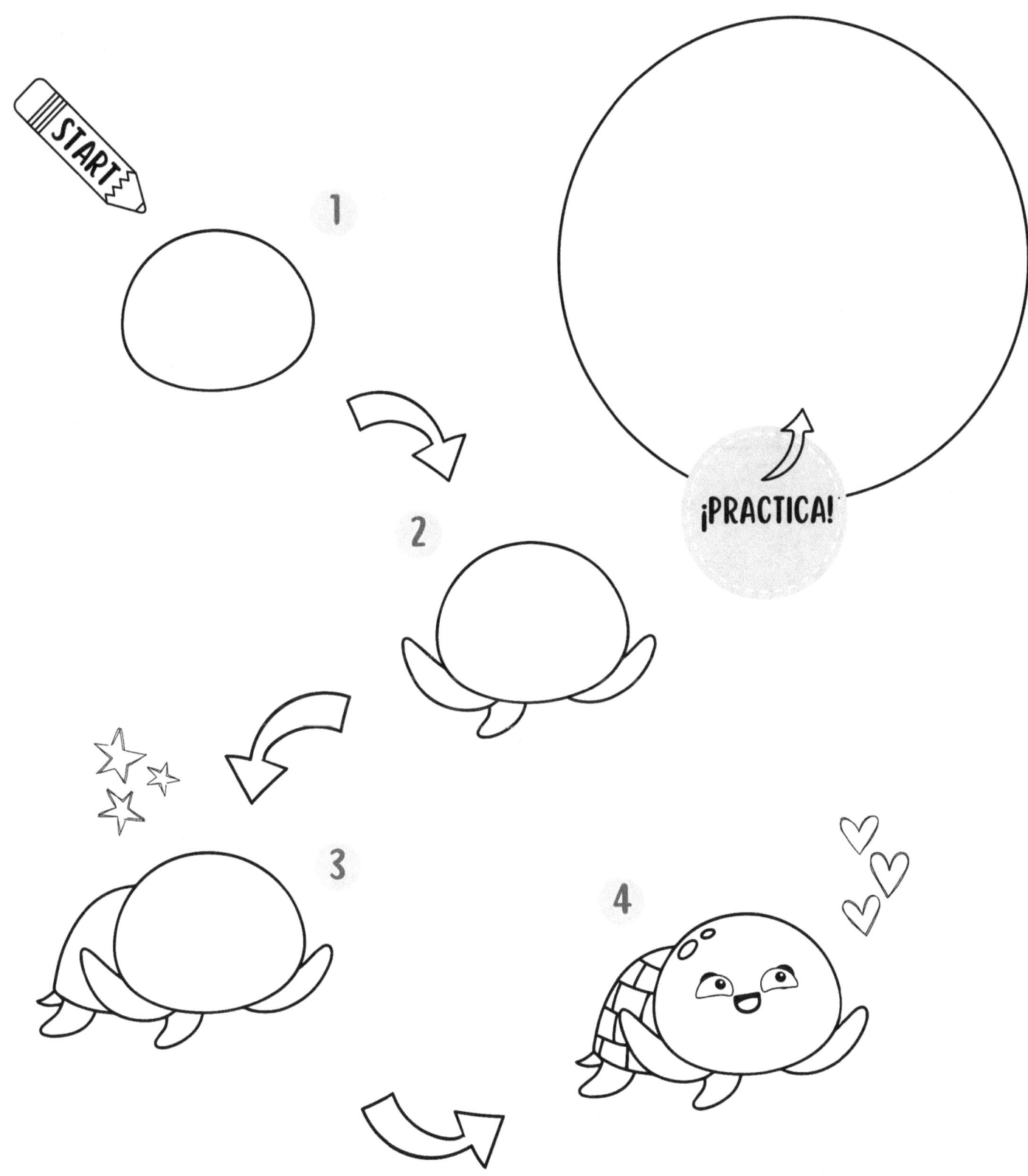

START

1

2

3

4

¡PRACTICA!

CHOCOLATE

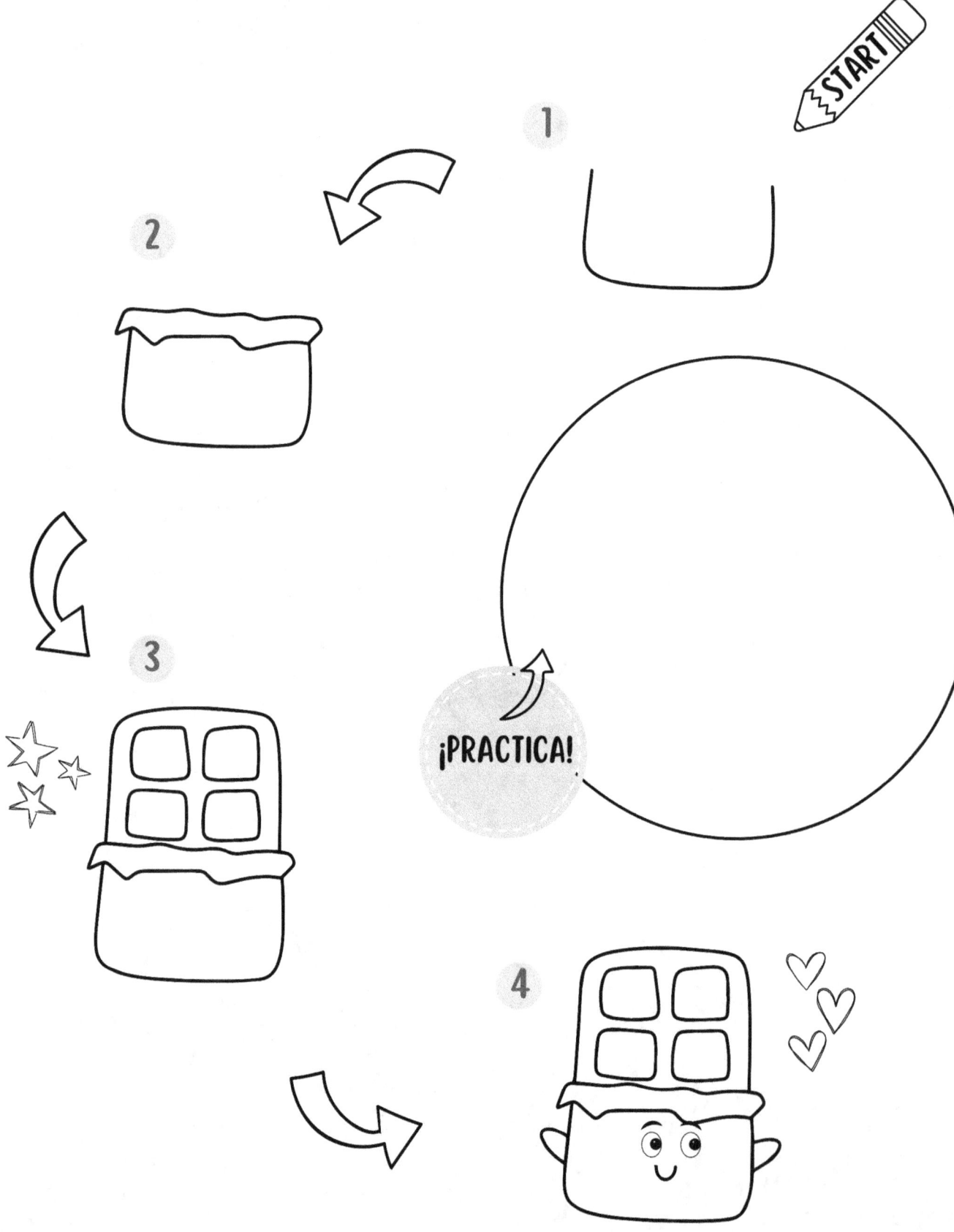

START

1

2

3

4

¡PRACTICA!

ROCA

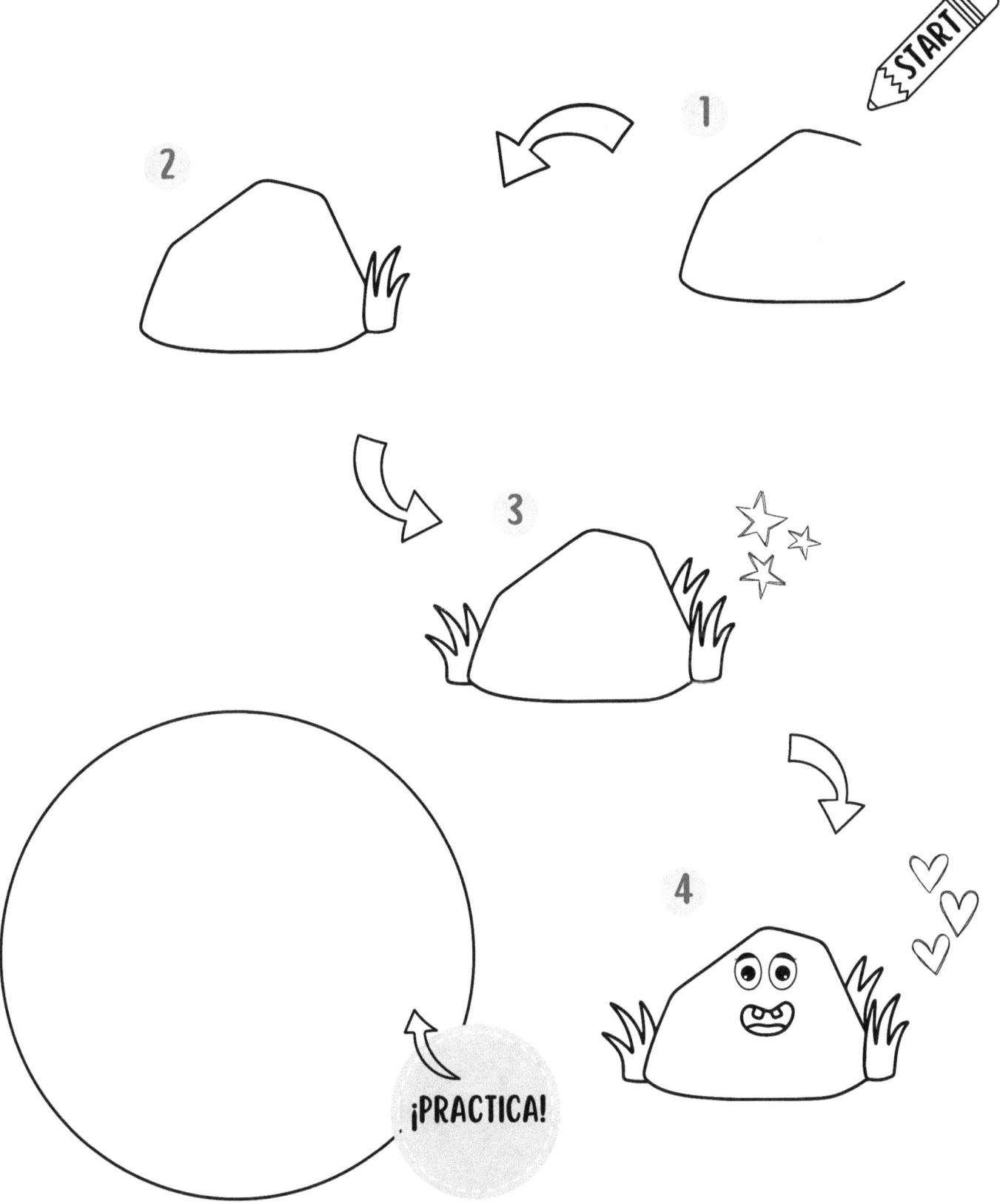

START

1

2

3

4

¡PRACTICA!

MELOCOTÓN

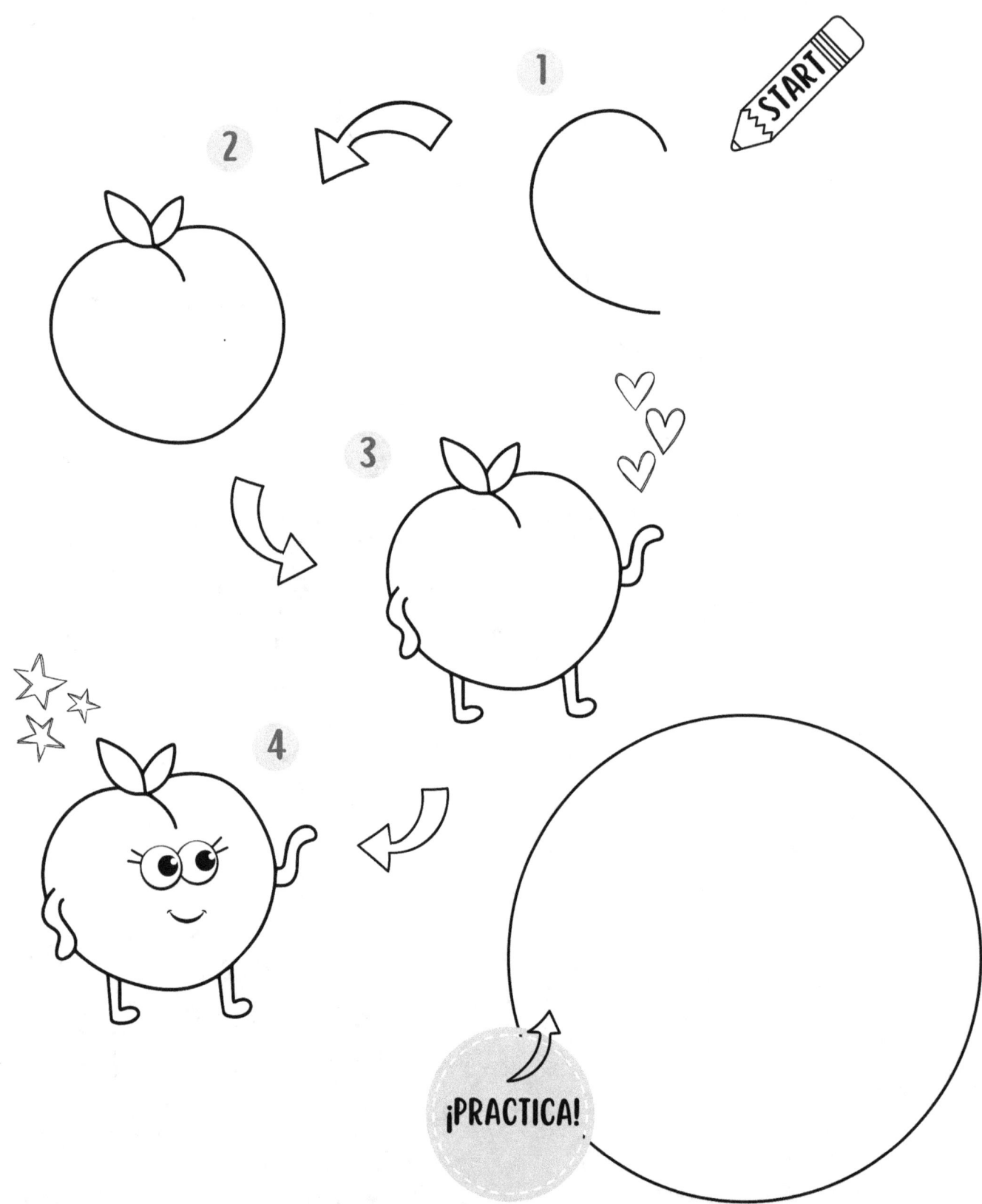

START

1

2

3

4

¡PRACTICA!

HELADO

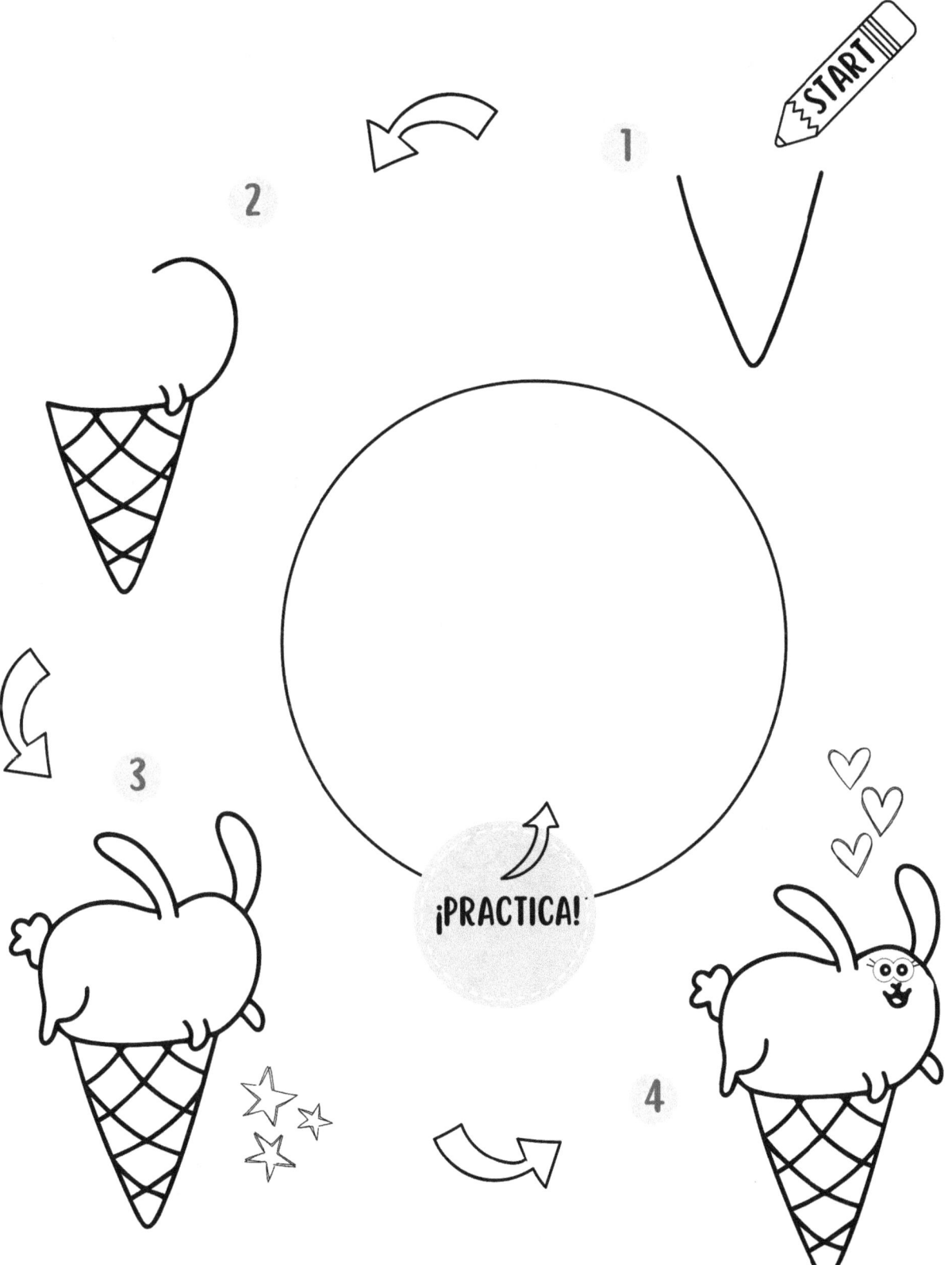

GATO

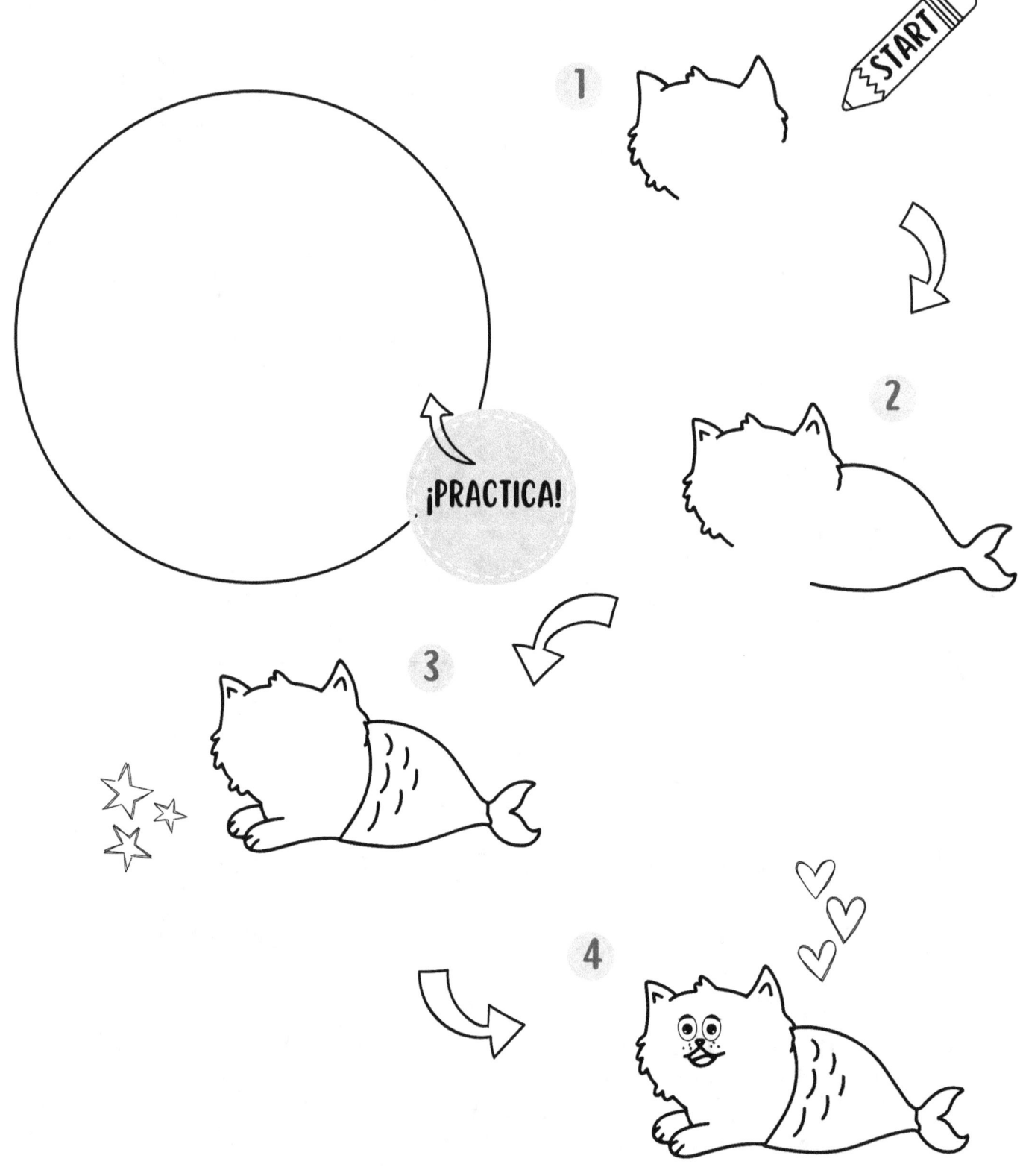

¡PRACTICA!

START

1

2

3

4

MAÍZ

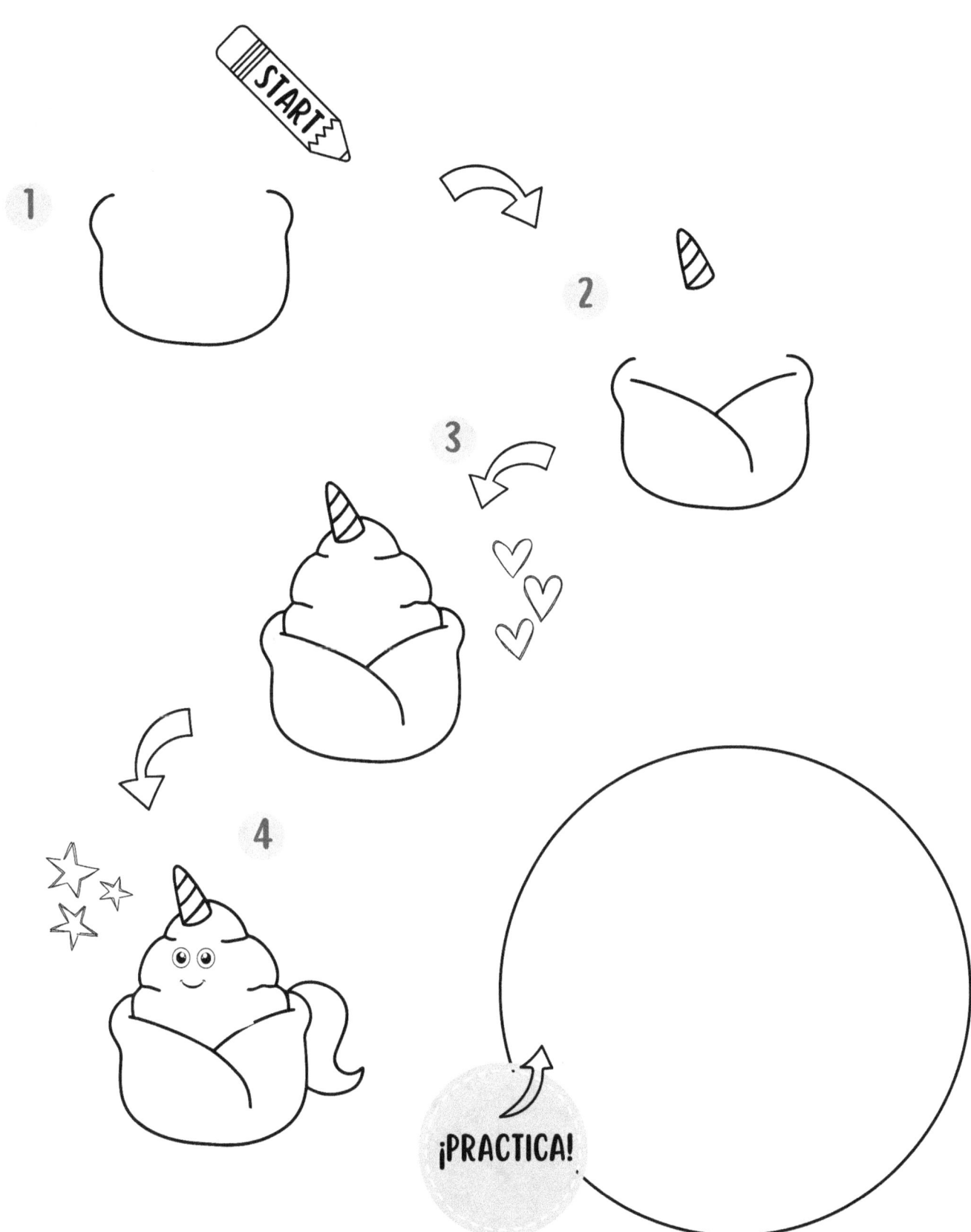

START

1

2

3

4

¡PRACTICA!

PIZZA

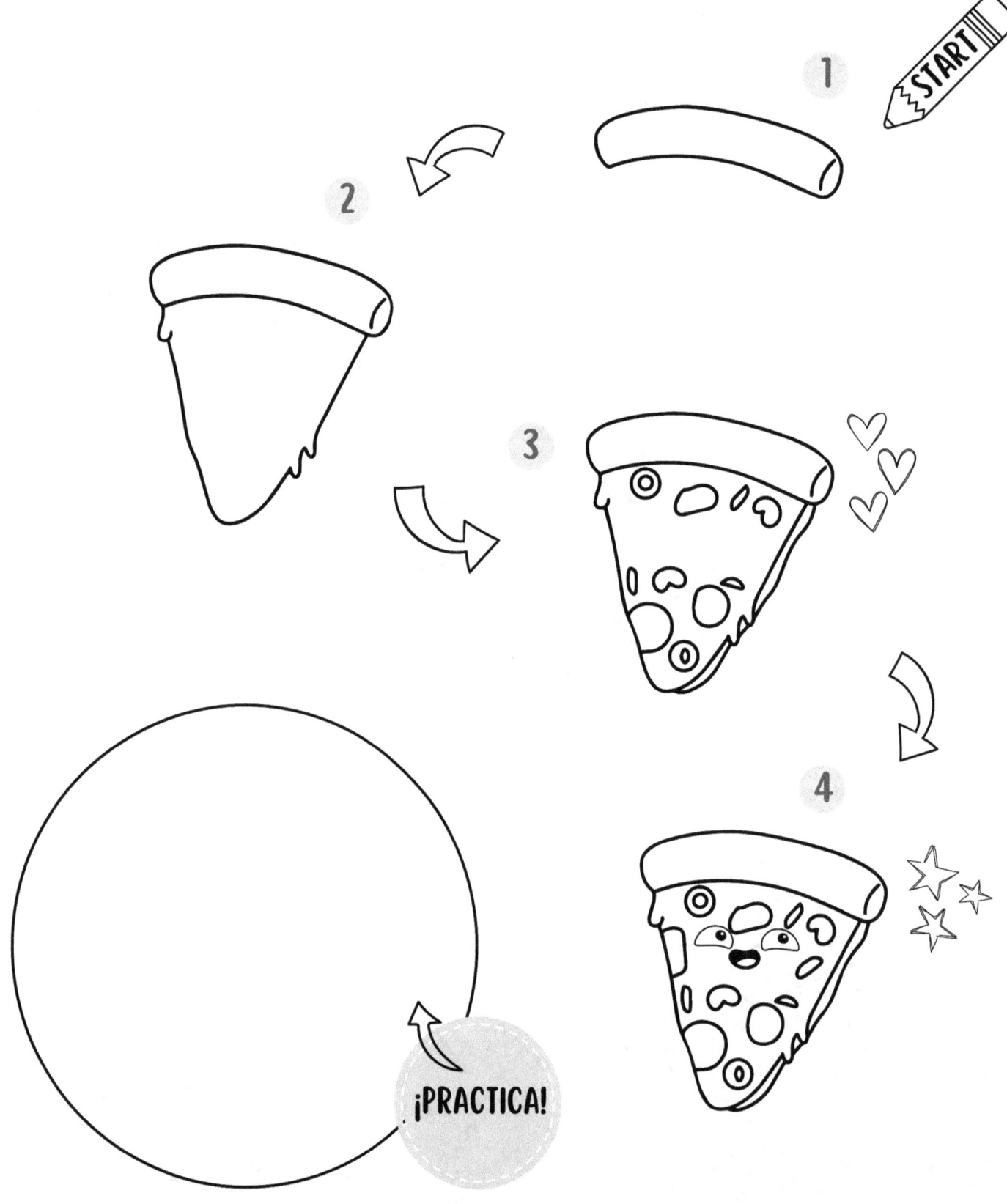

START

1

2

3

4

¡PRACTICA!

PAN

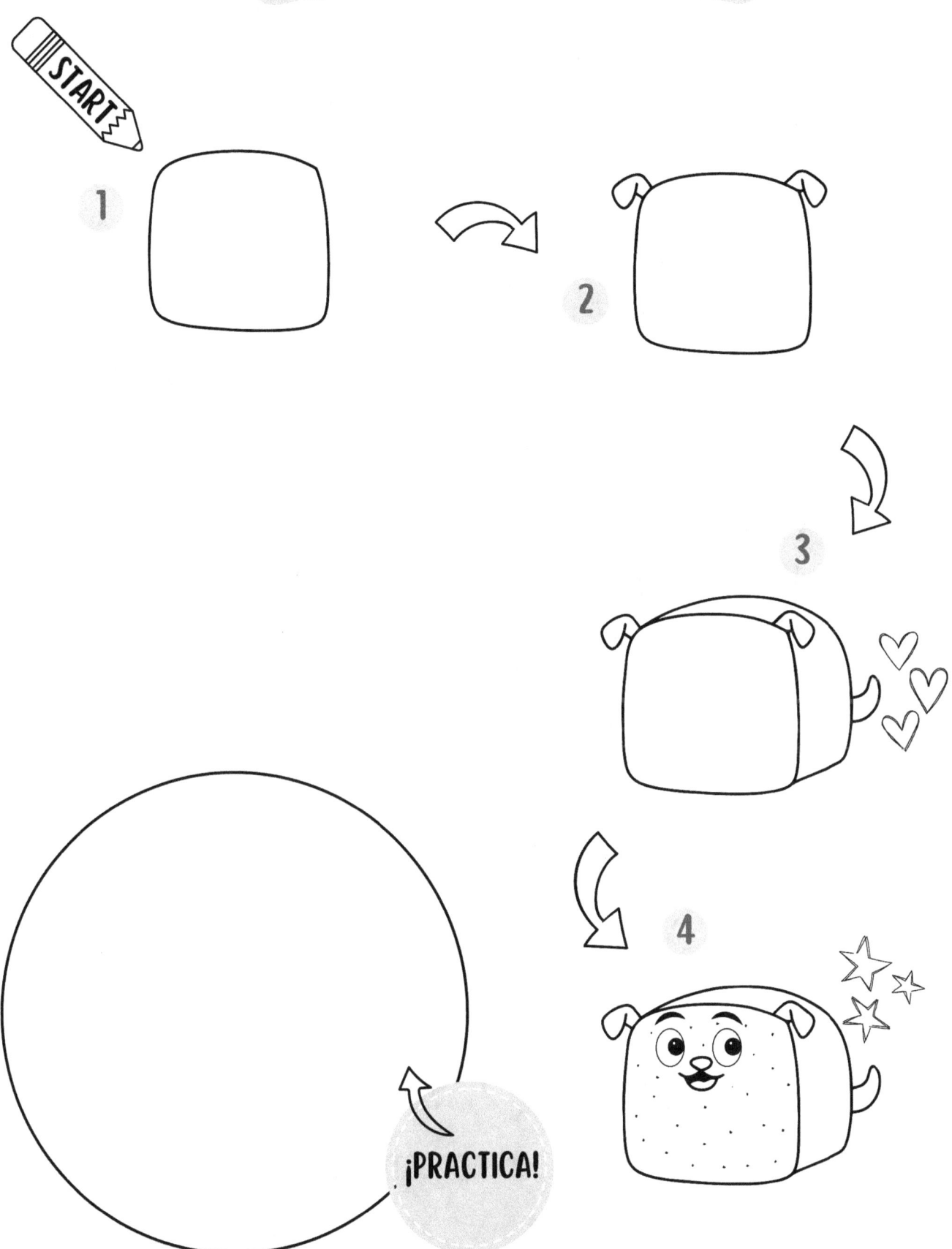

START

1

2

3

4

¡PRACTICA!

PASTELITO

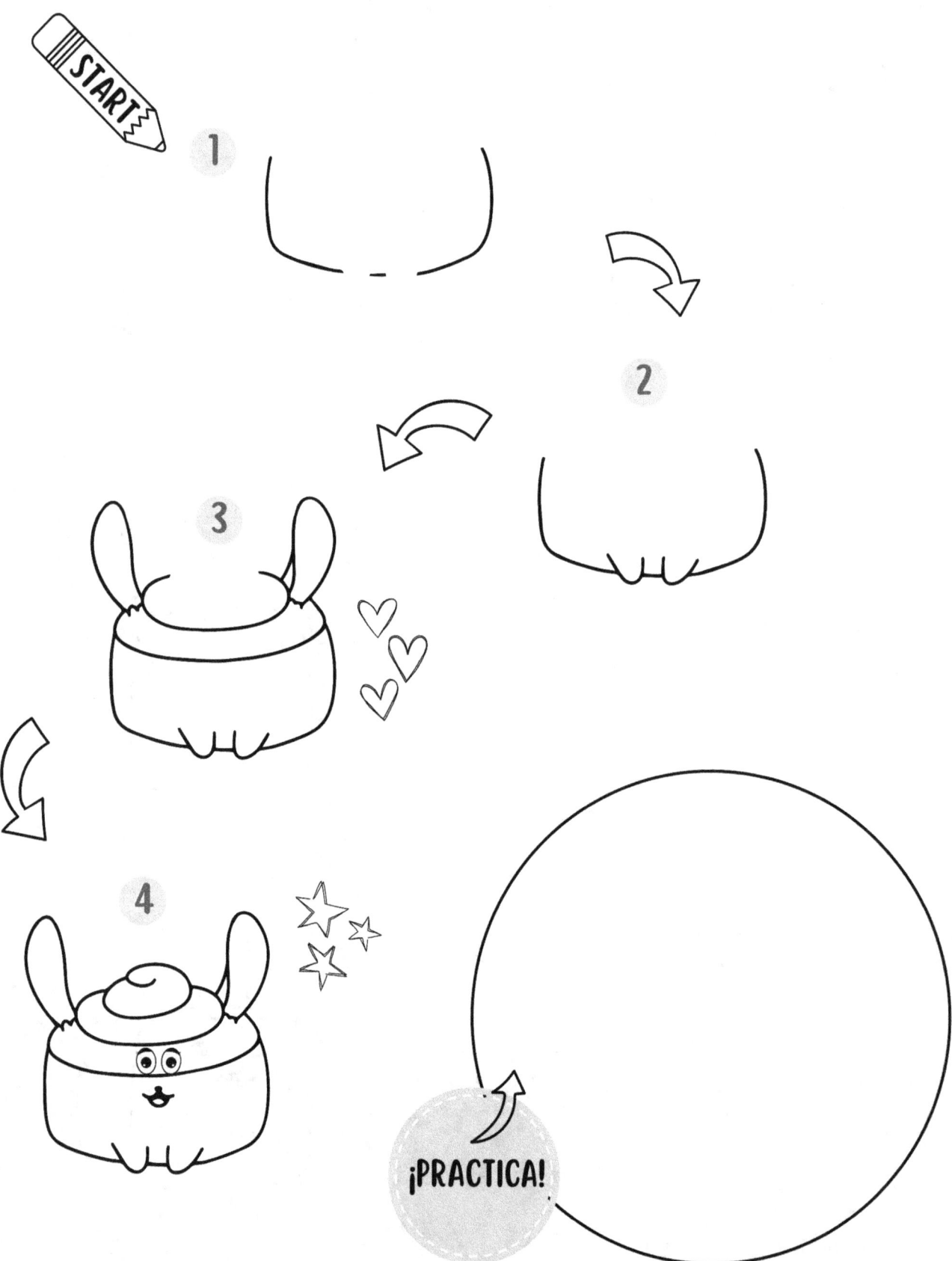

START

1

2

3

4

¡PRACTICA!

CARTERA

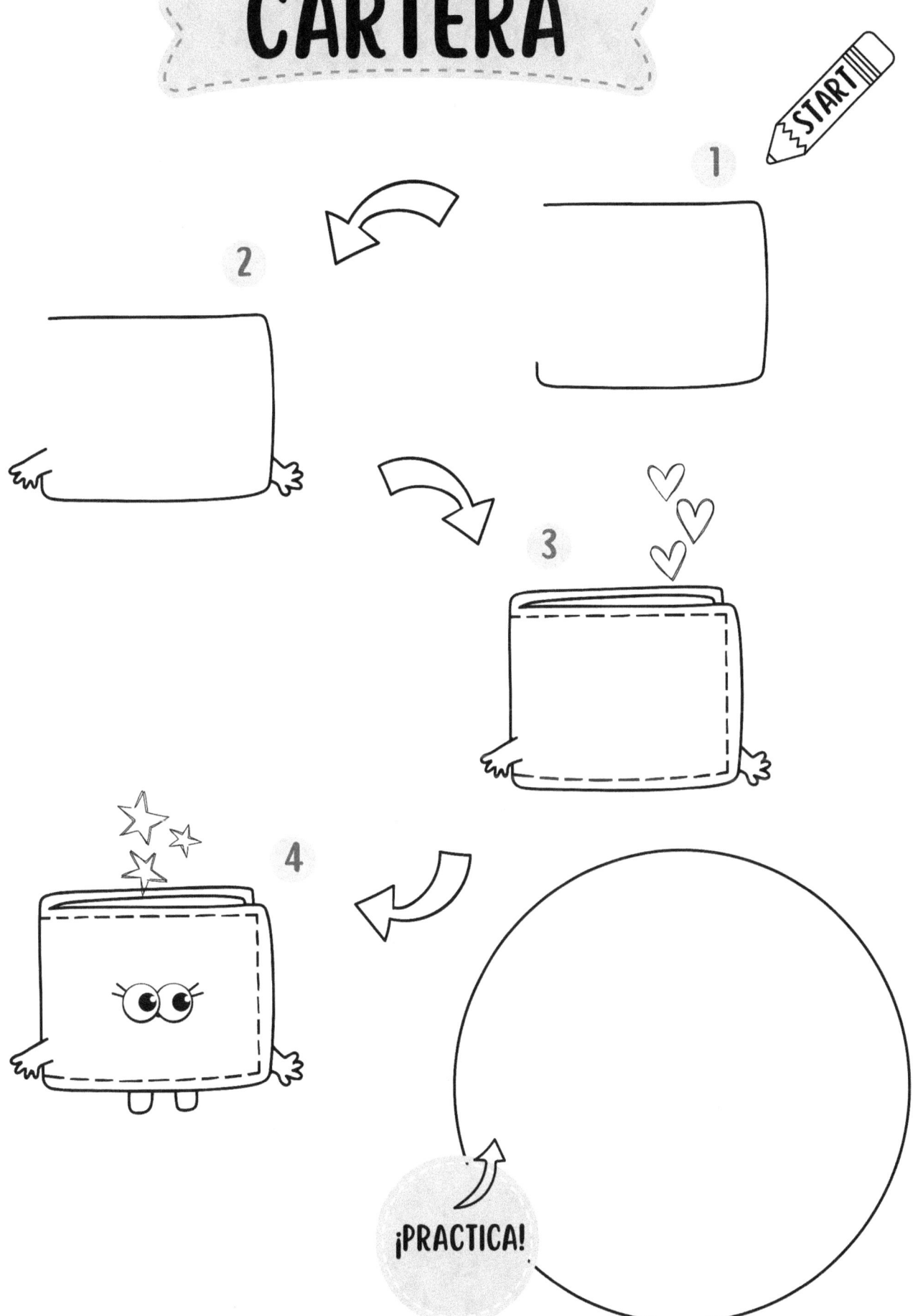

START

1

2

3

4

¡PRACTICA!

HUEVO

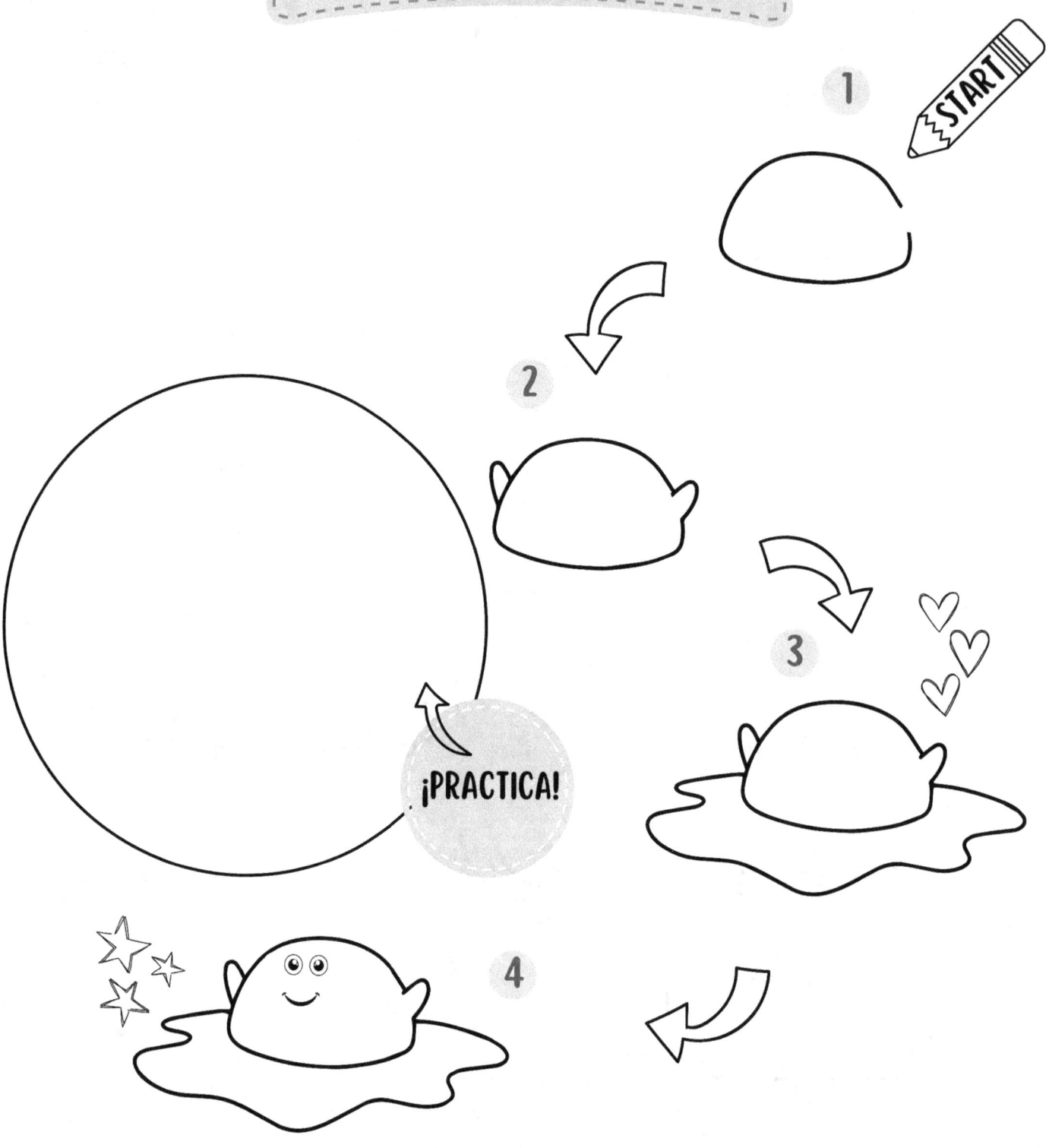

START

1

2

3

¡PRACTICA!

4

MADALENA

START

1

2

3

4

¡PRACTICA!

RÁBANO

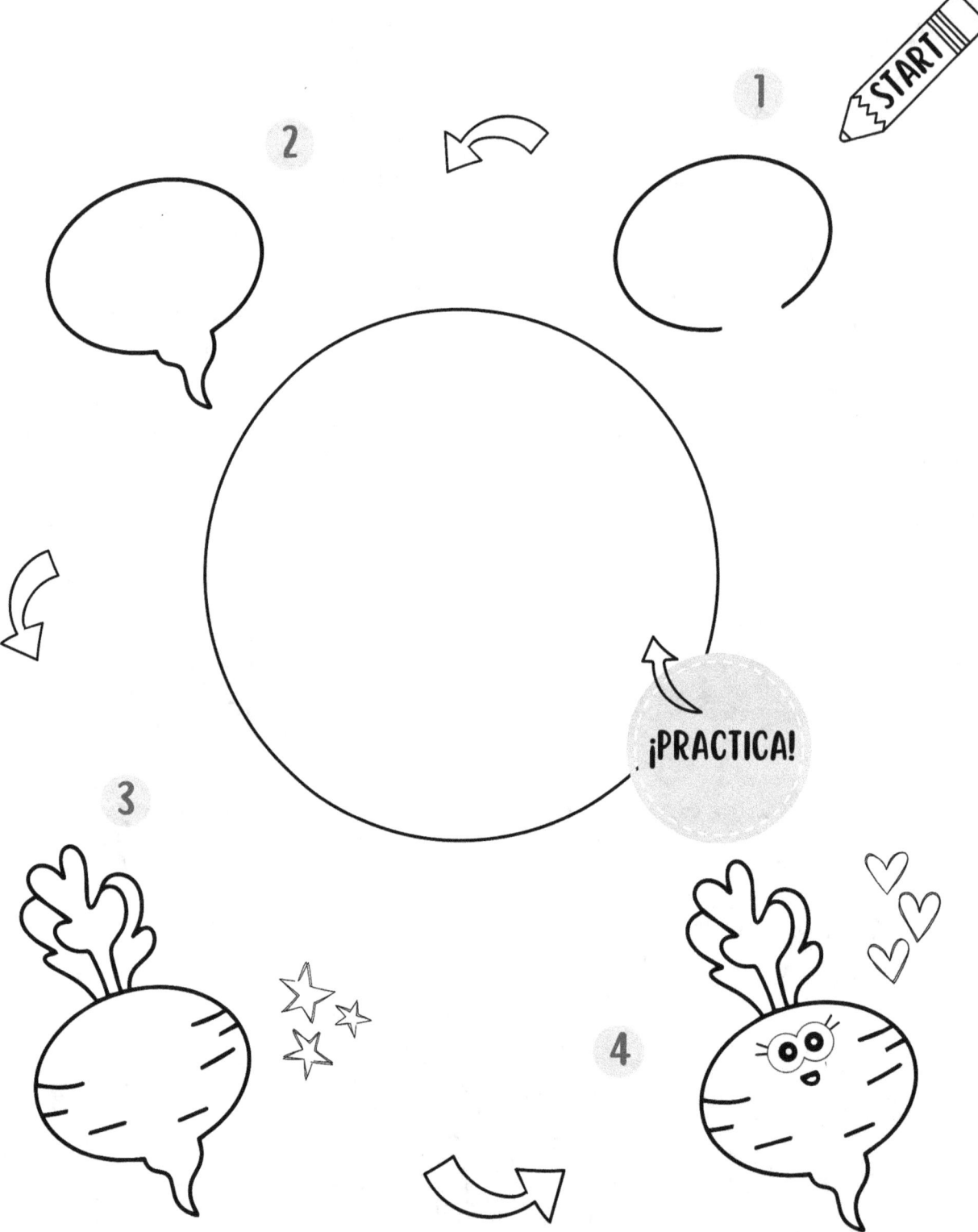

SÁNDWICH

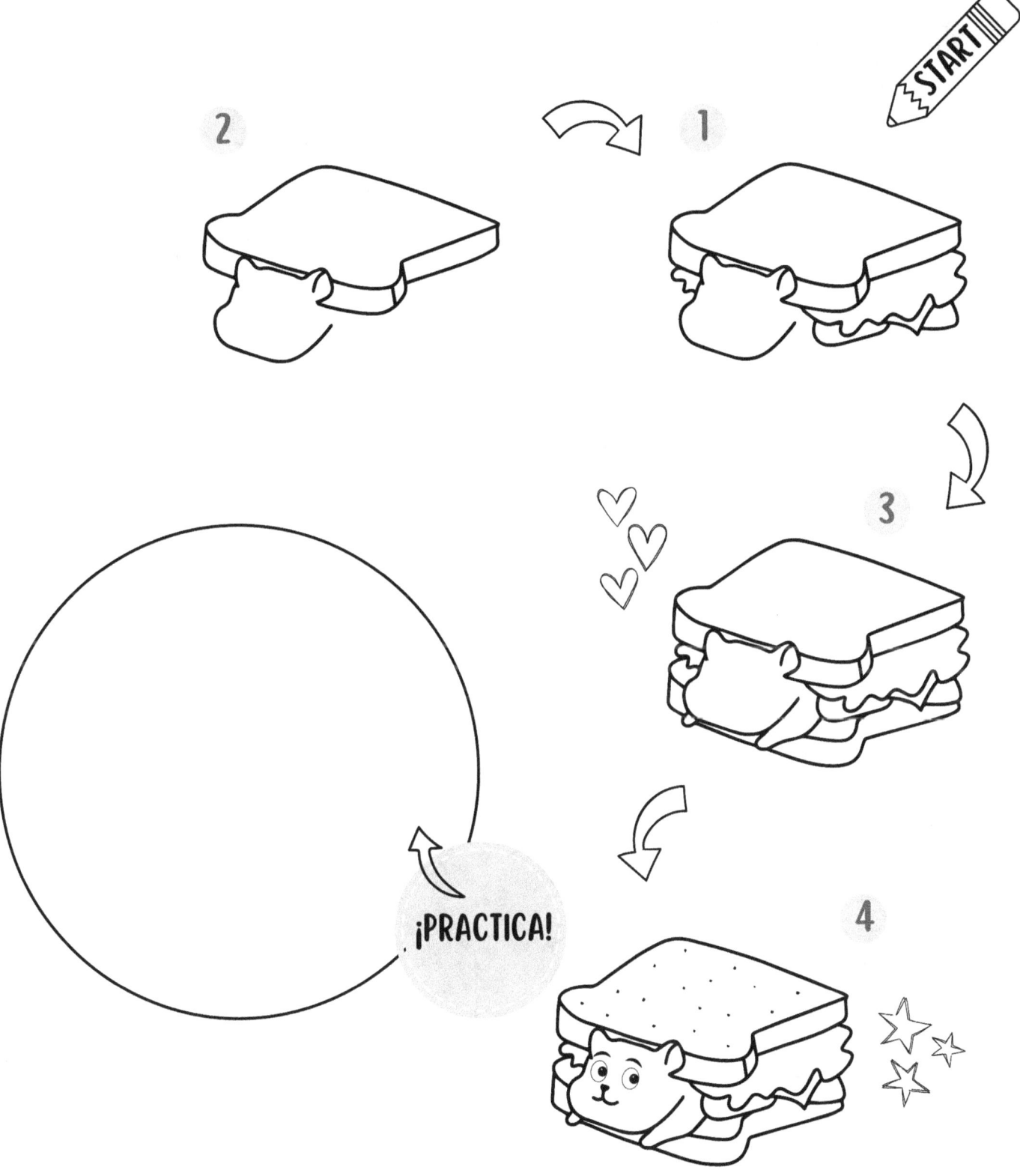

START

2

1

3

4

¡PRACTICA!

TAZA

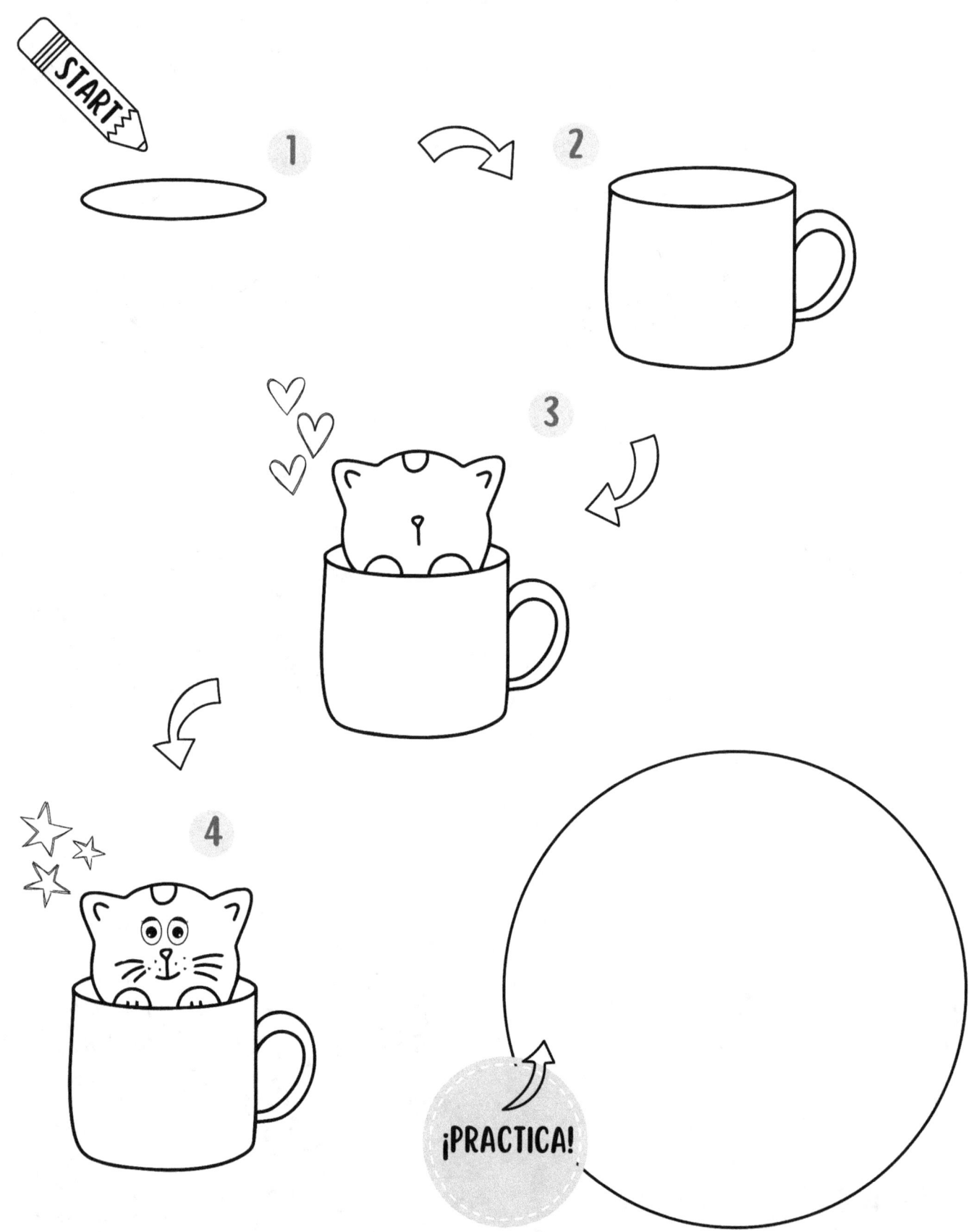

START

1

2

3

4

¡PRACTICA!

SIRENA

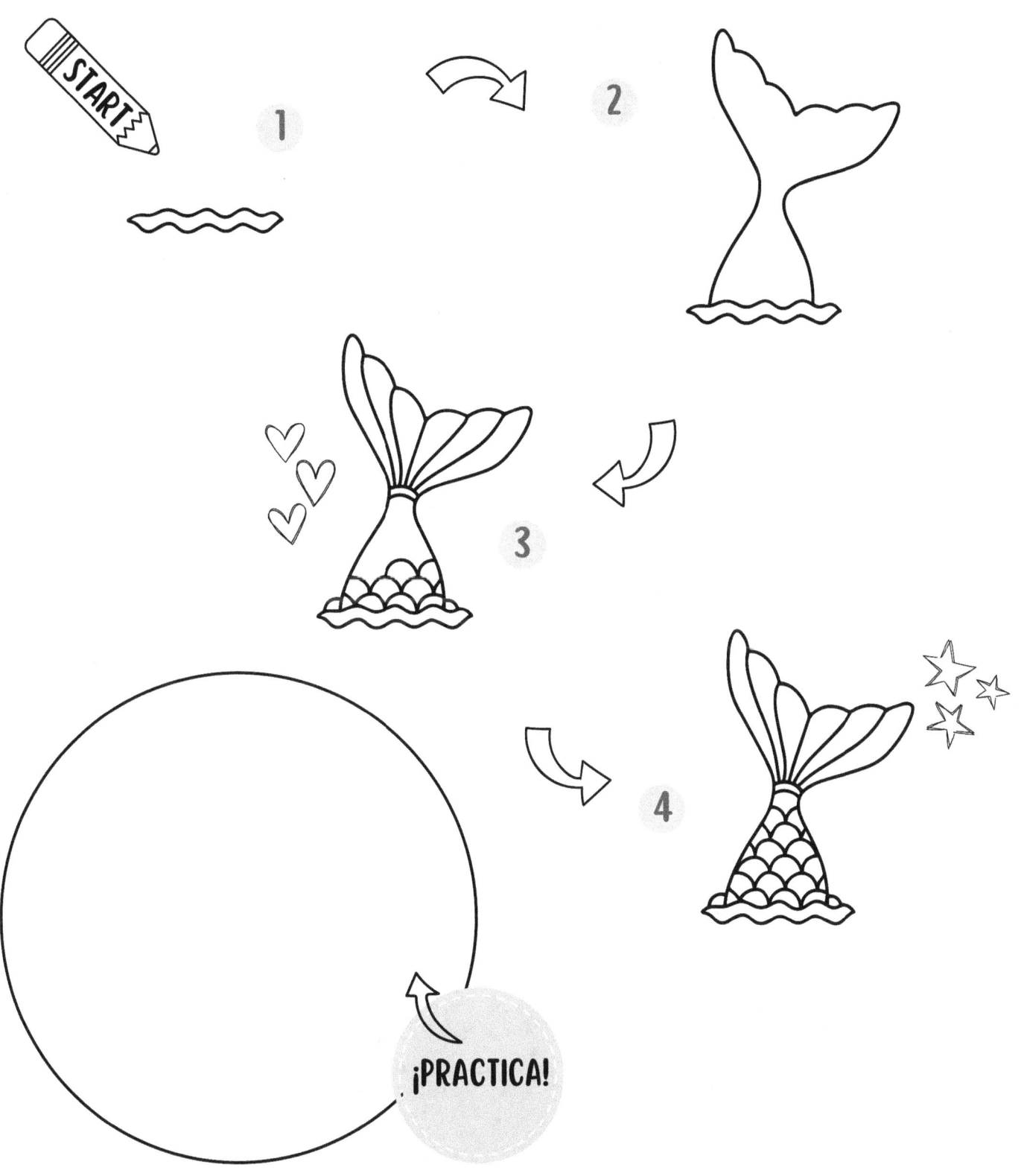

START

1

2

3

4

¡PRACTICA!

SETA

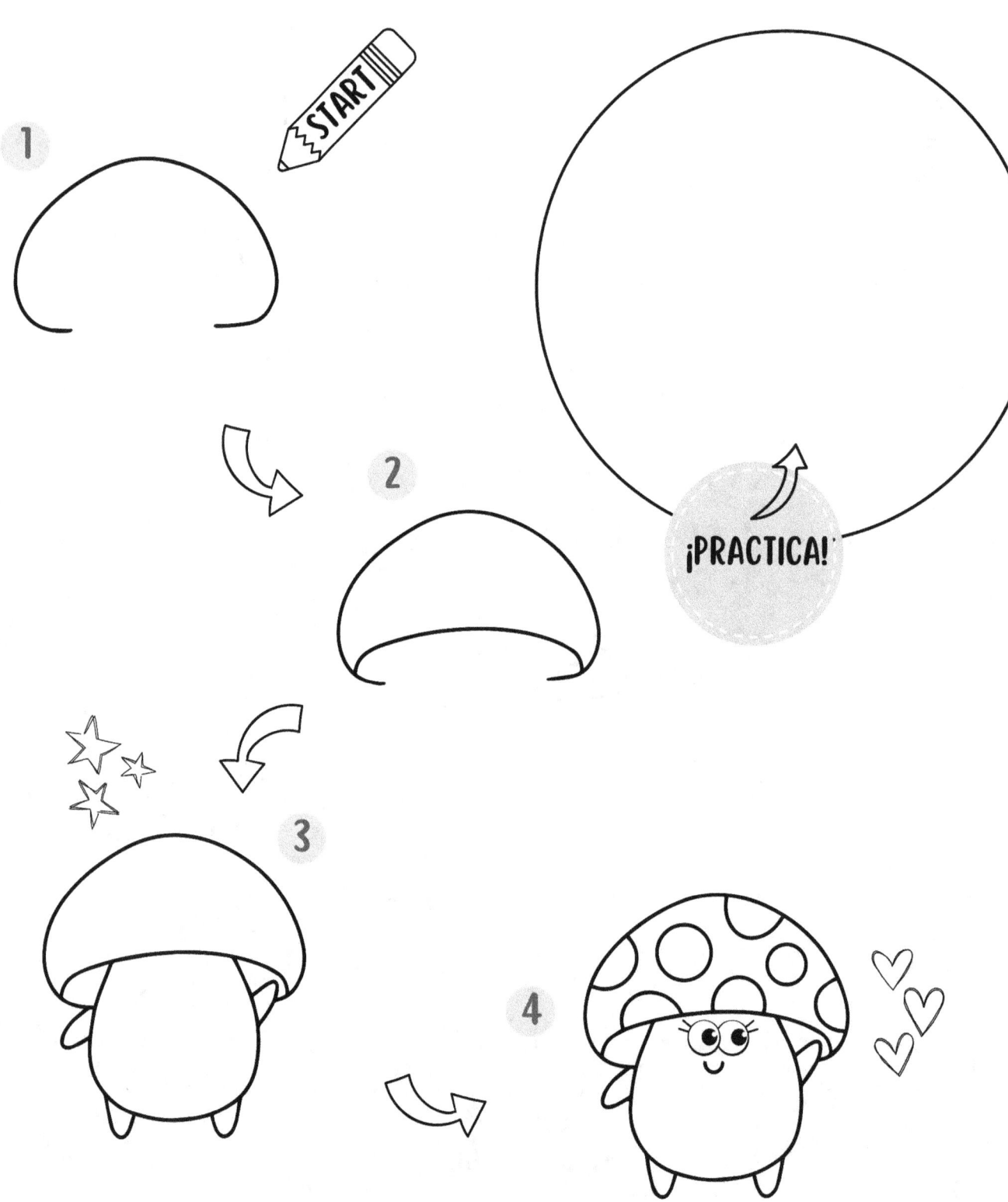

VELA

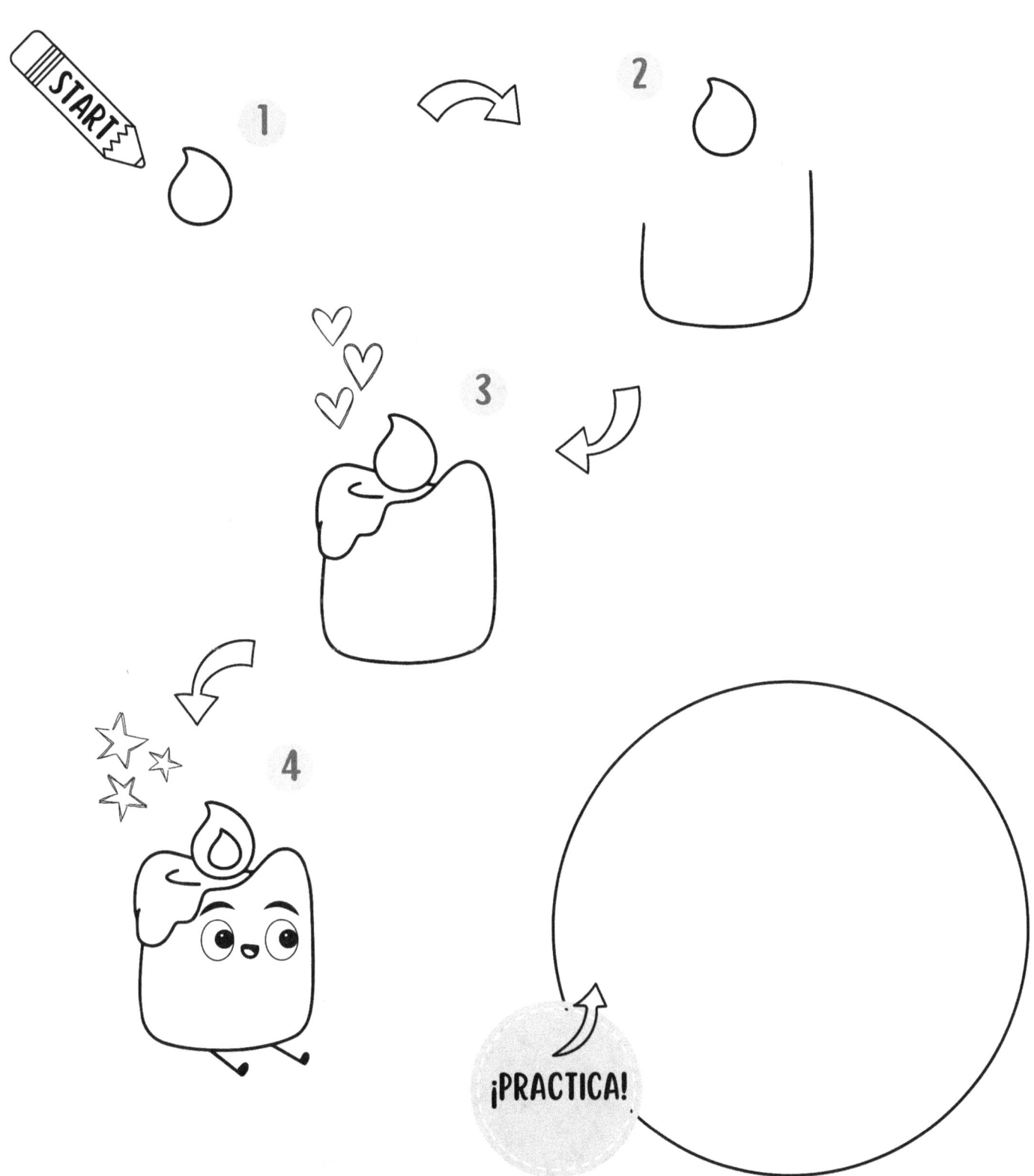

START

1

2

3

4

¡PRACTICA!

PEREZOSO

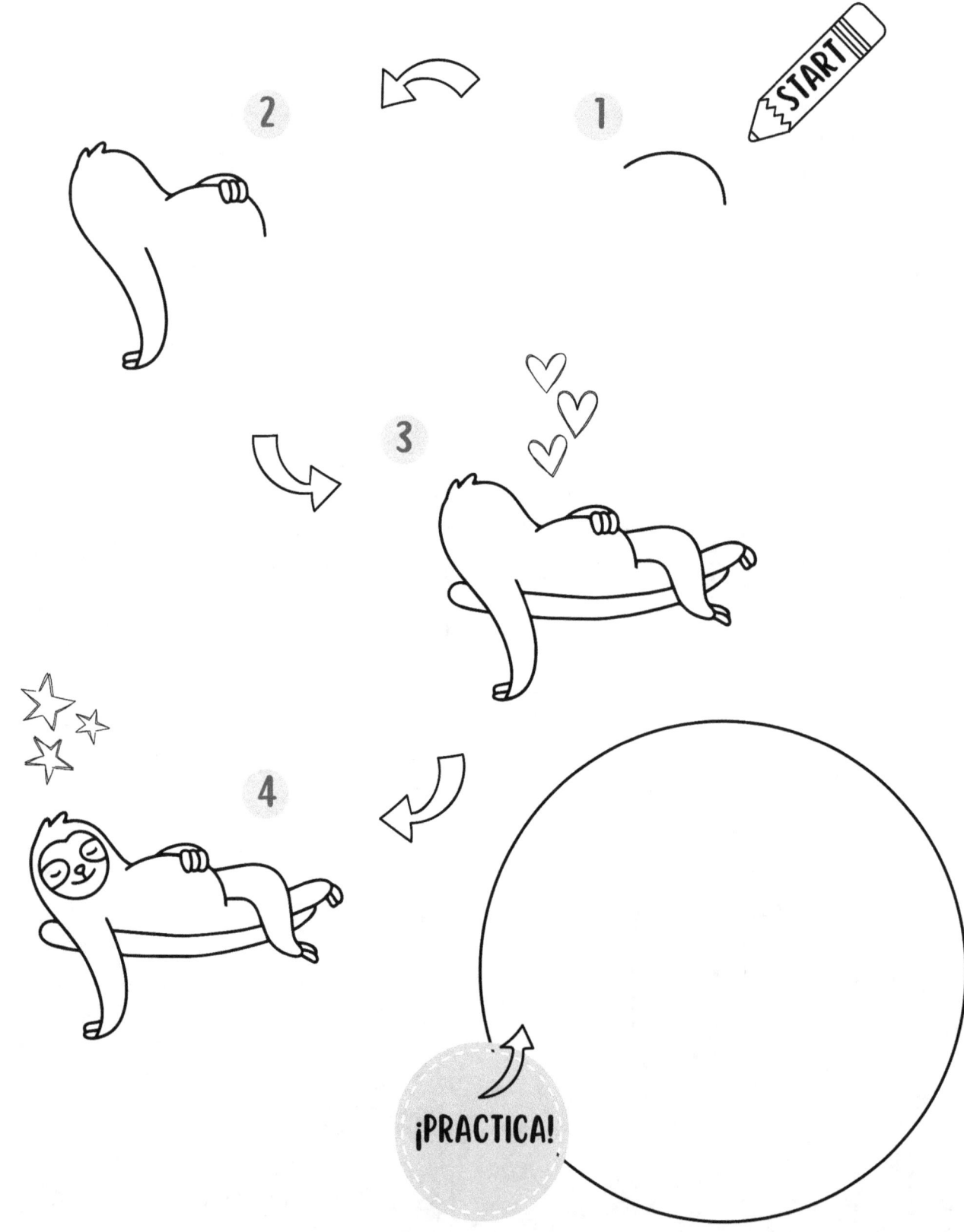

START

2 1

3

4

¡PRACTICA!

TROFEO

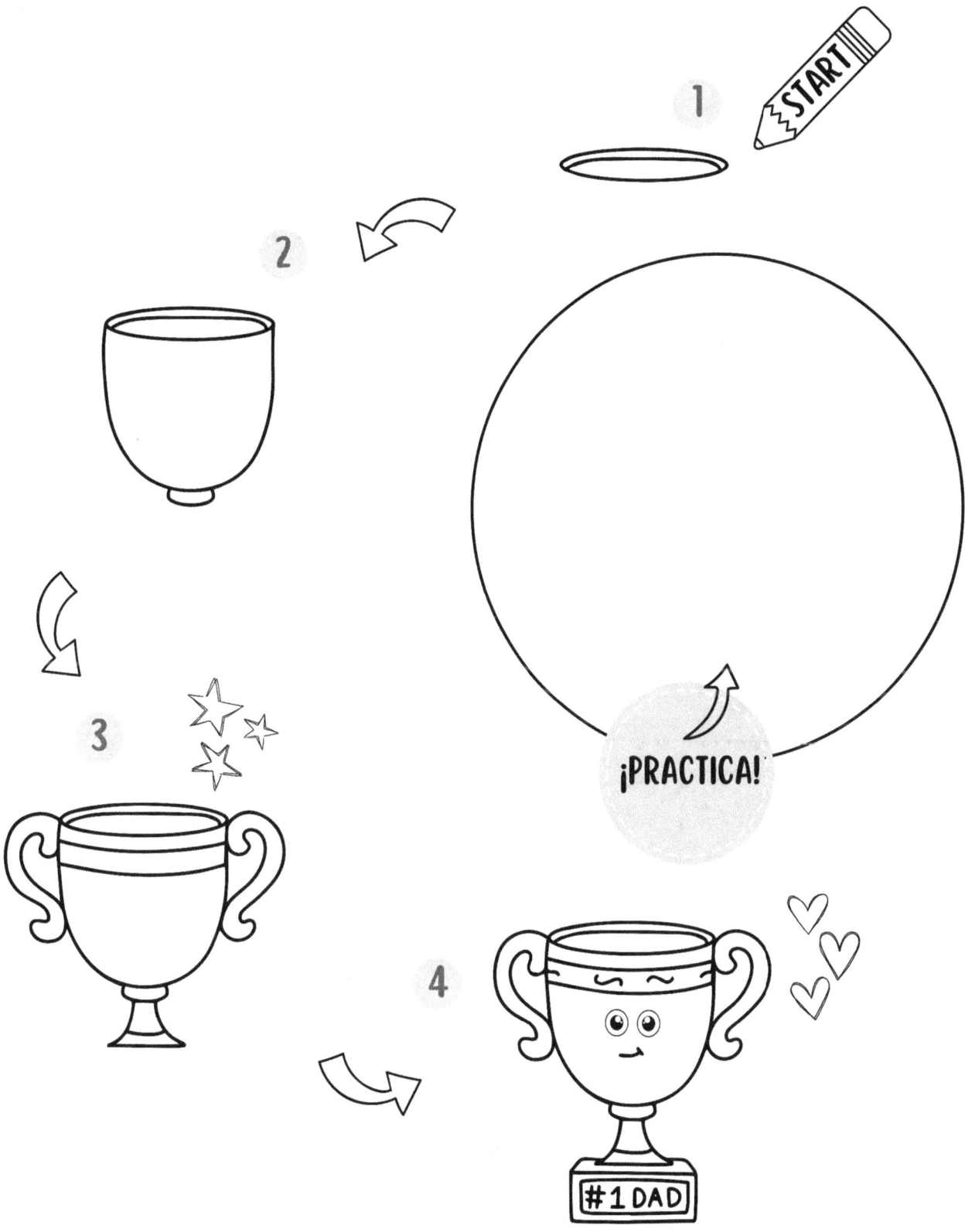

1 START

2

3

4

¡PRACTICA!

#1 DAD

PIÑA

SECADOR

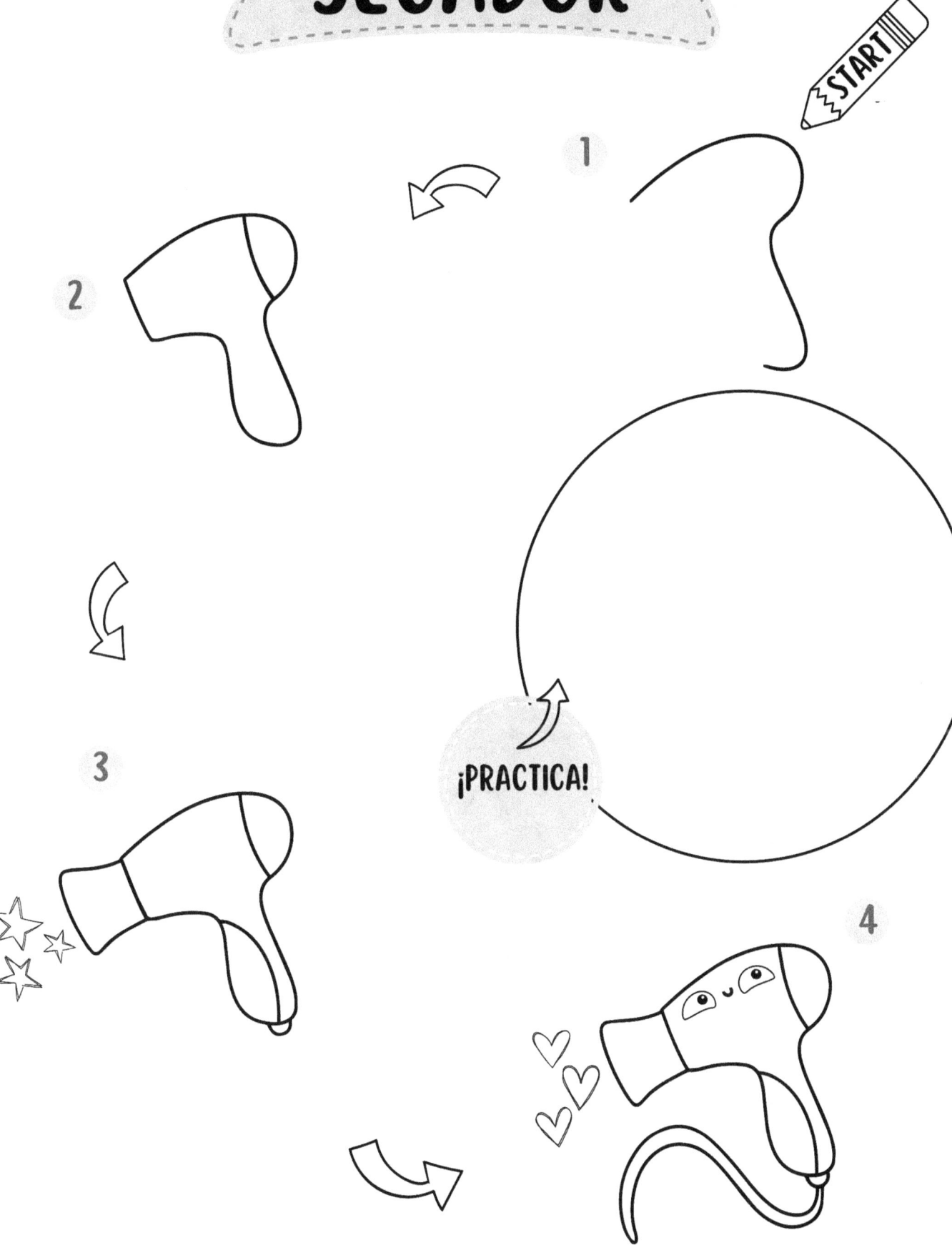

CABALLITO

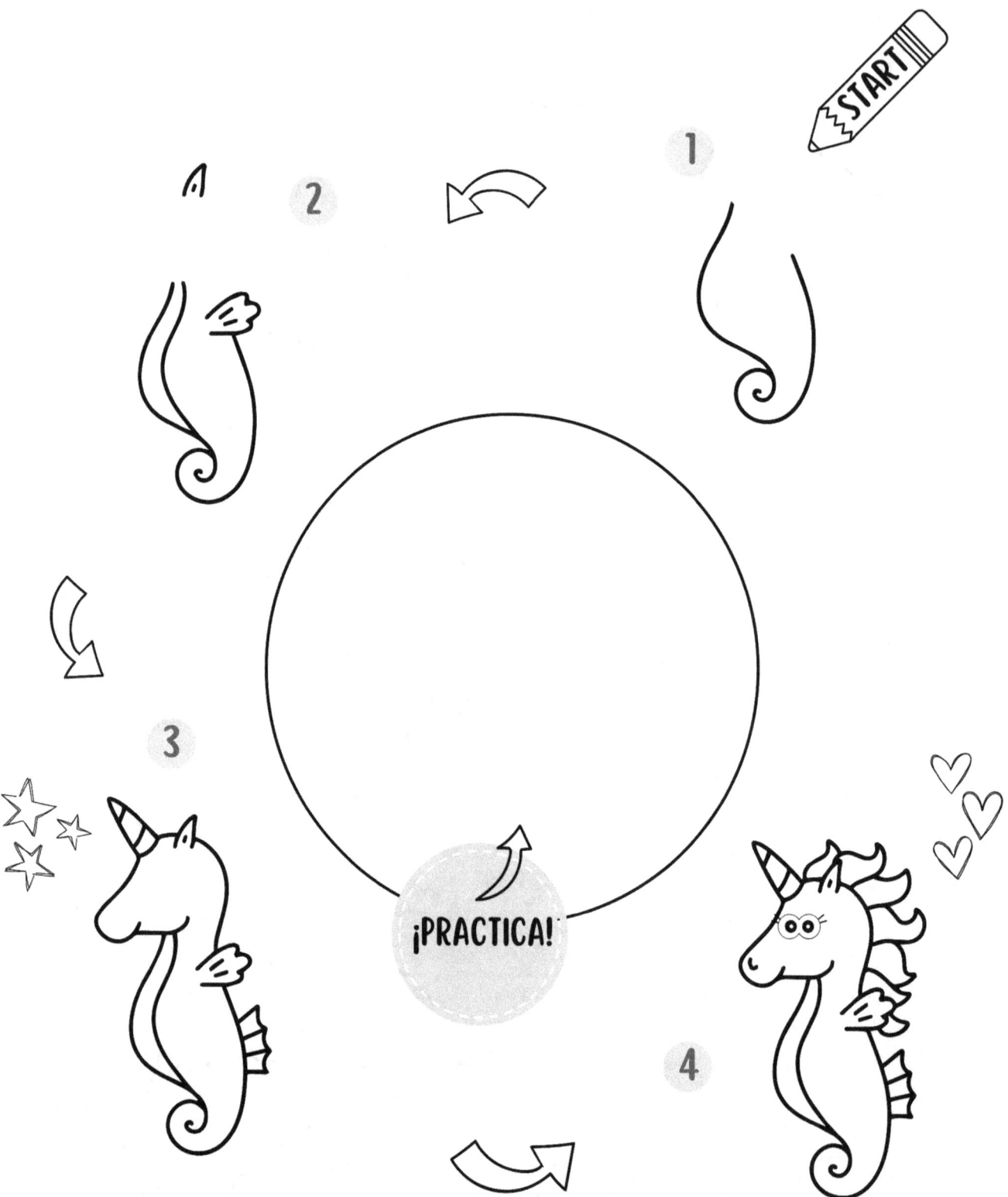

START

1

2

3

4

¡PRACTICA!

MOCHILA

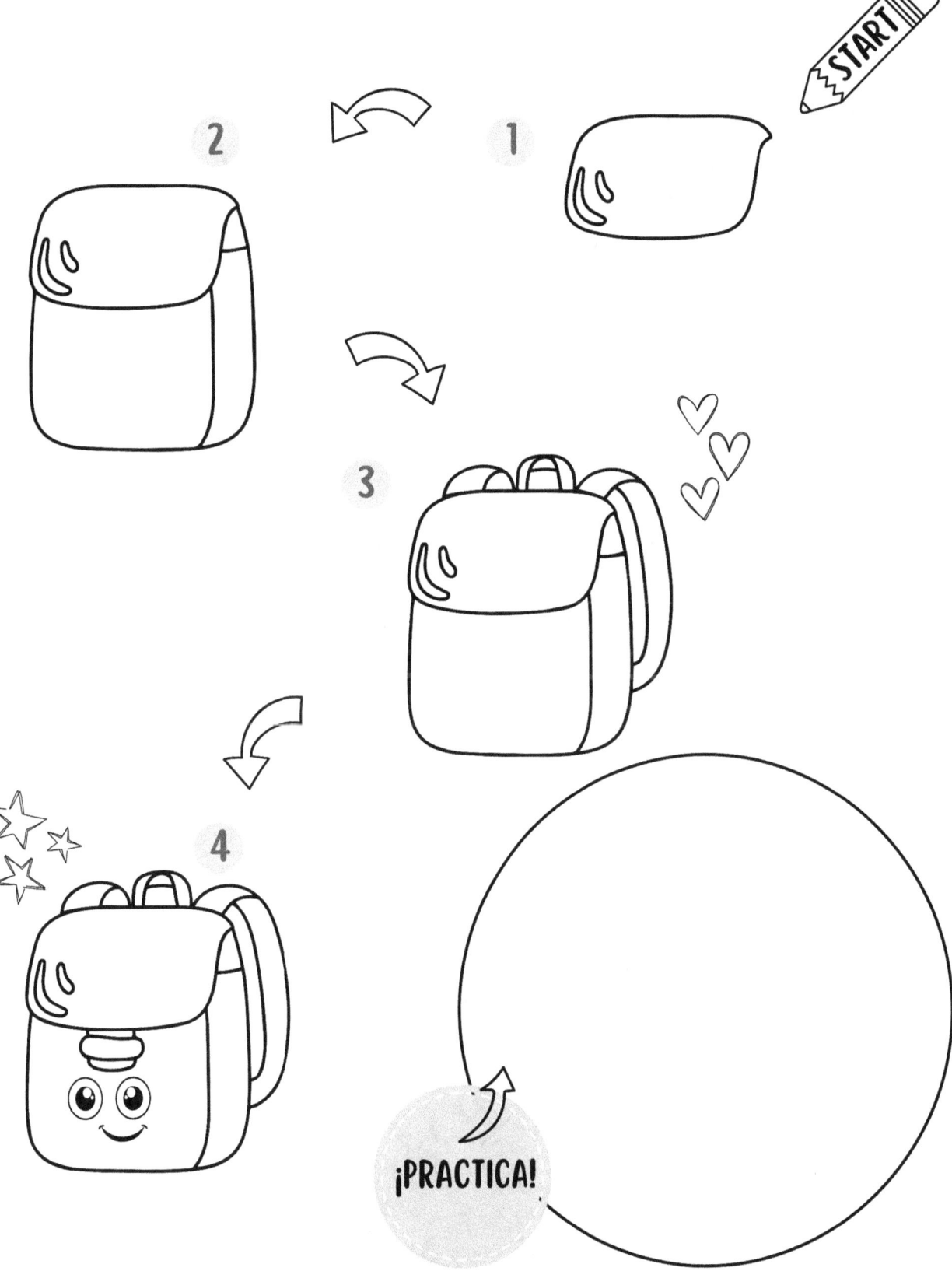

START

2

1

3

4

¡PRACTICA!

LLAMA

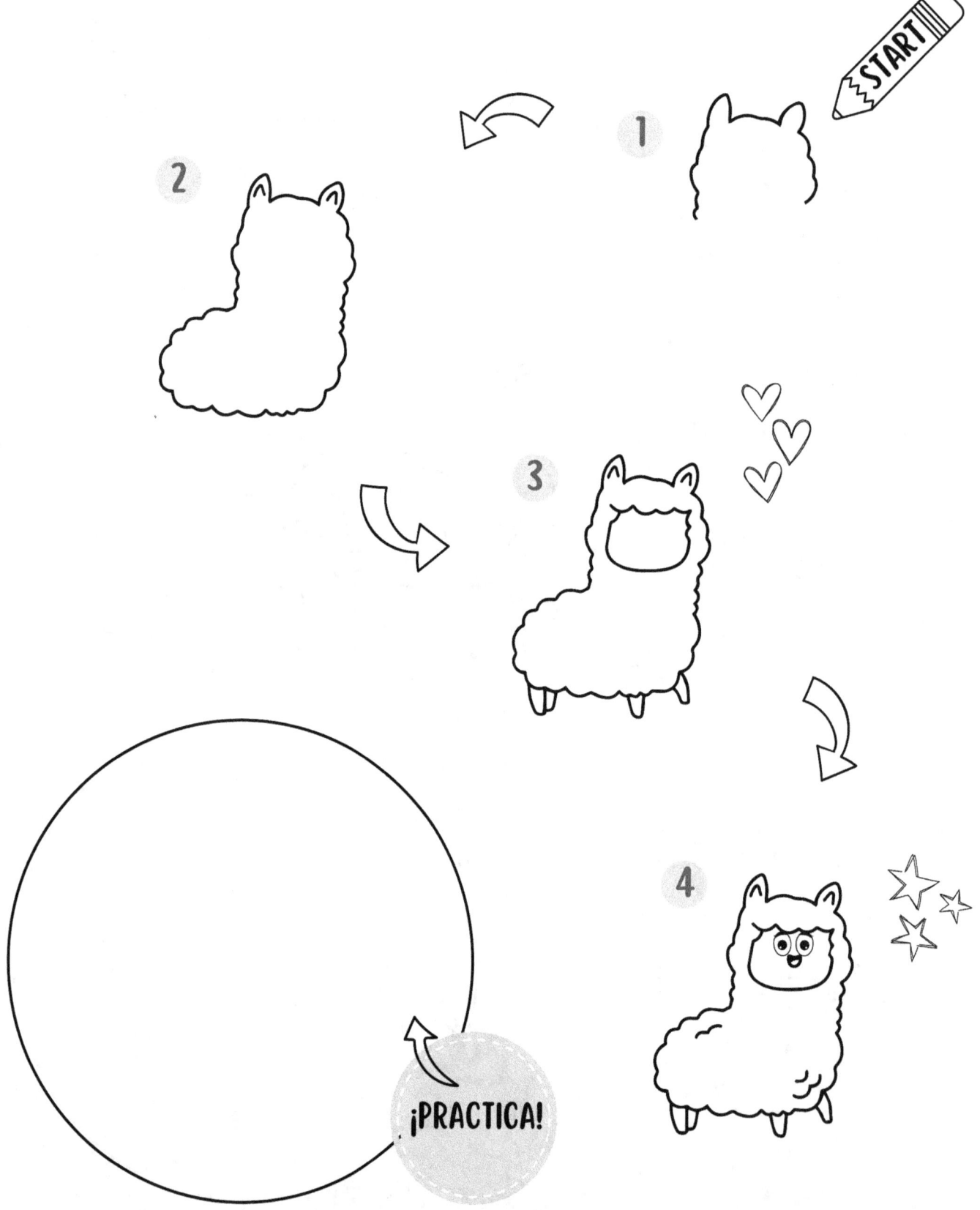

START

1

2

3

4

¡PRACTICA!

BAÑERA

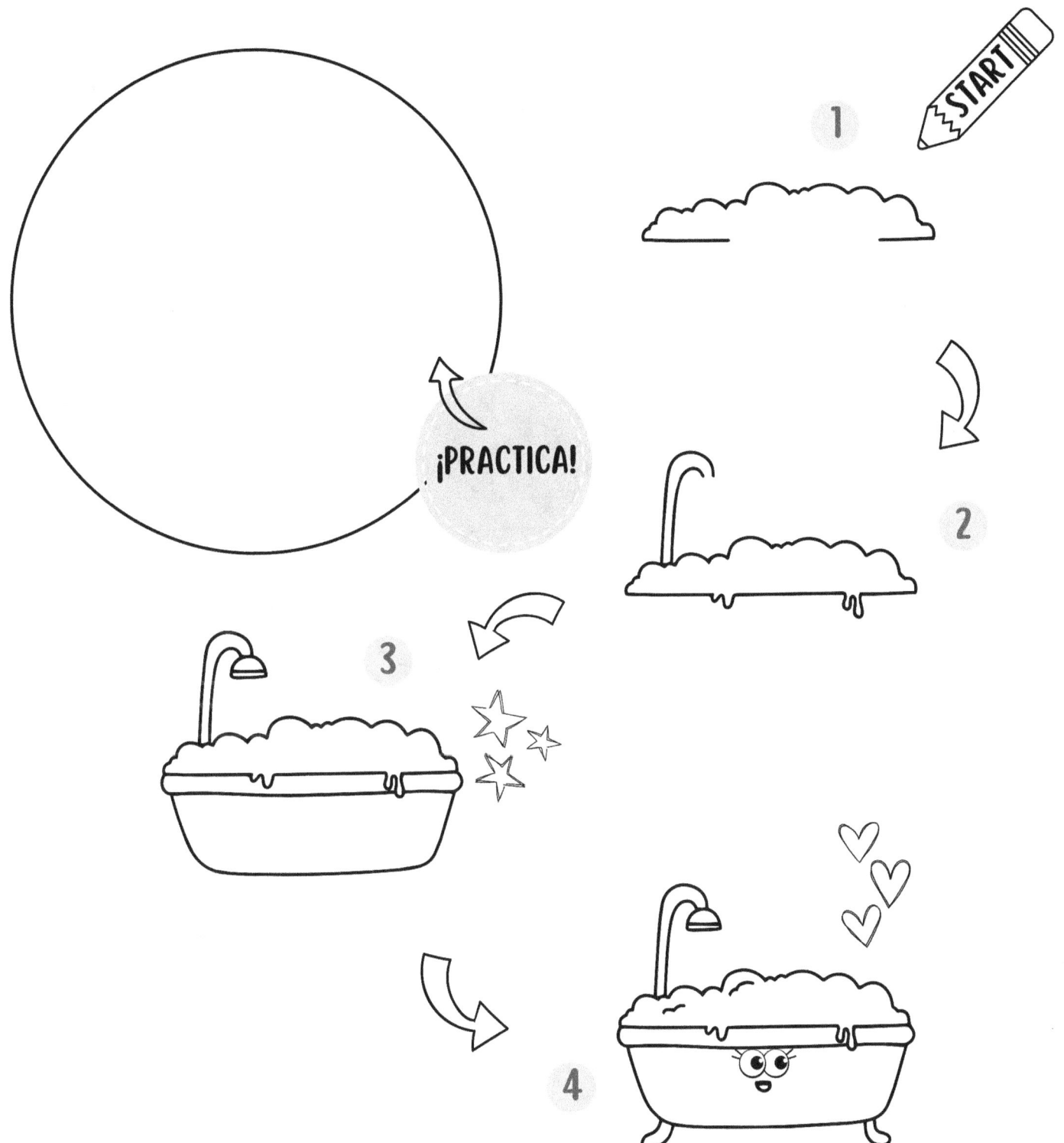

START

1

2

3

¡PRACTICA!

4

GRAPADORA

START

1

2

3

4

¡PRACTICA!

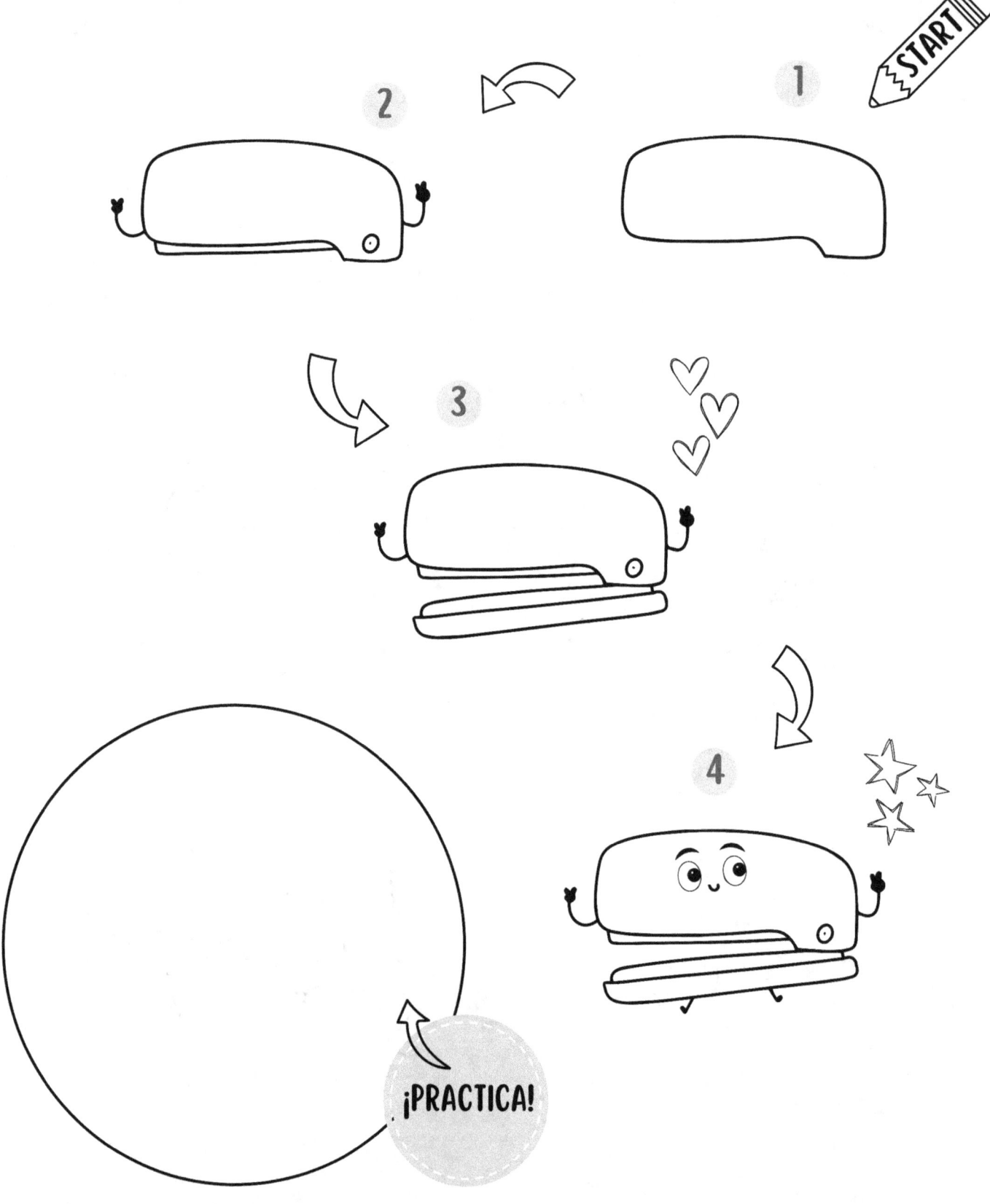

TIJERAS

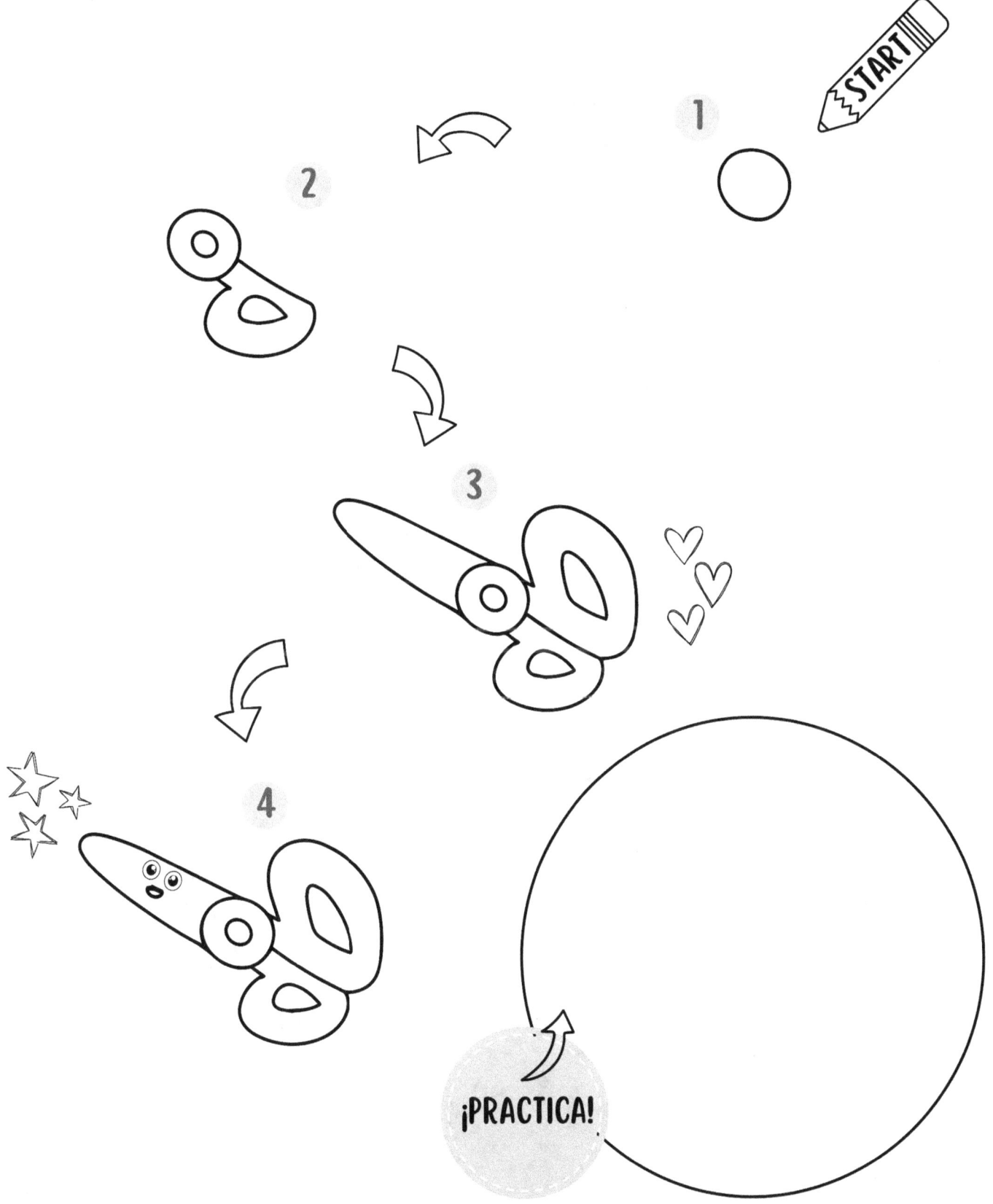

START

1

2

3

4

¡PRACTICA!

GUITARRA

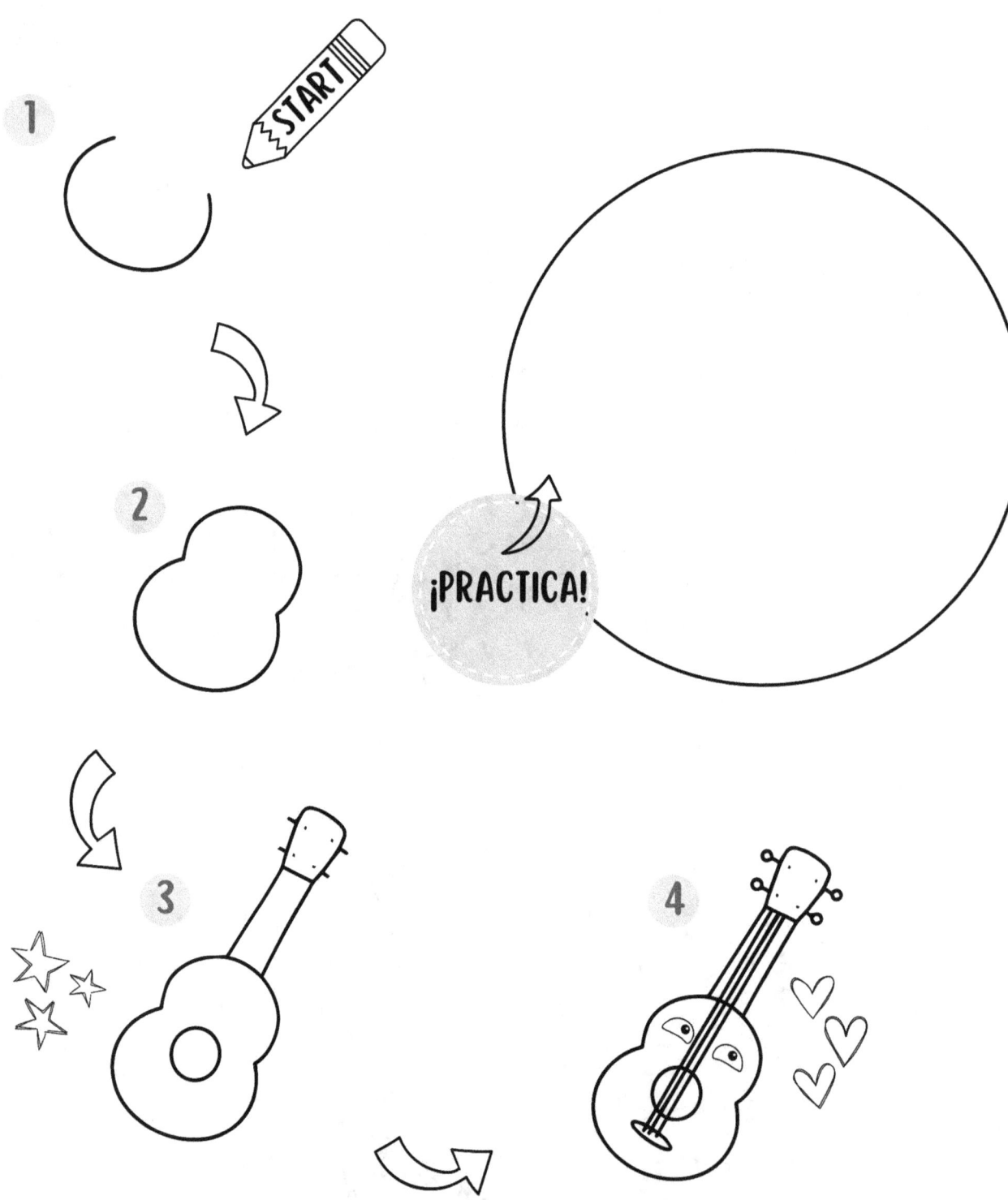

1 START

2

¡PRACTICA!

3

4

HAMBURGUESA

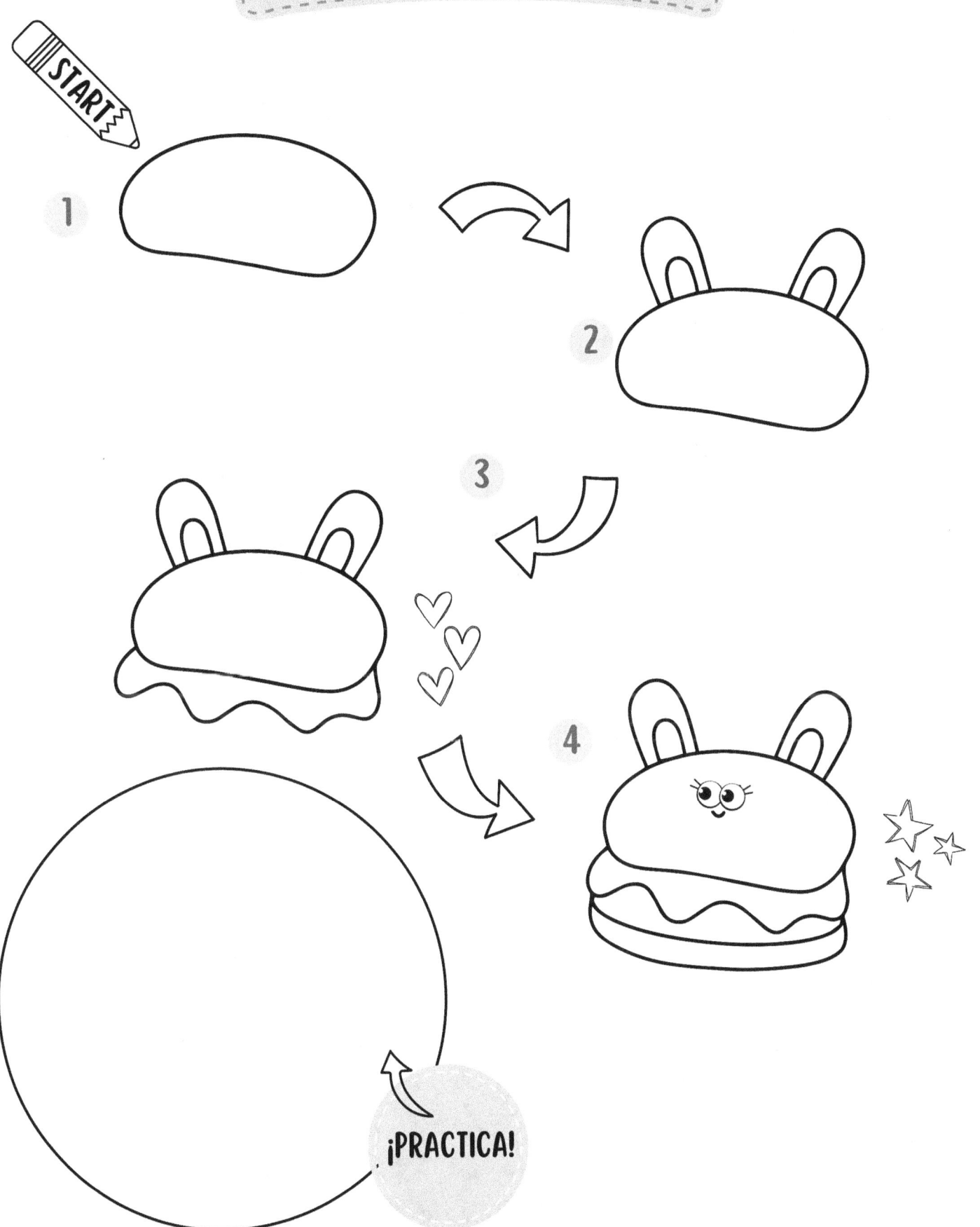

START

1

2

3

4

¡PRACTICA!

POCIÓN

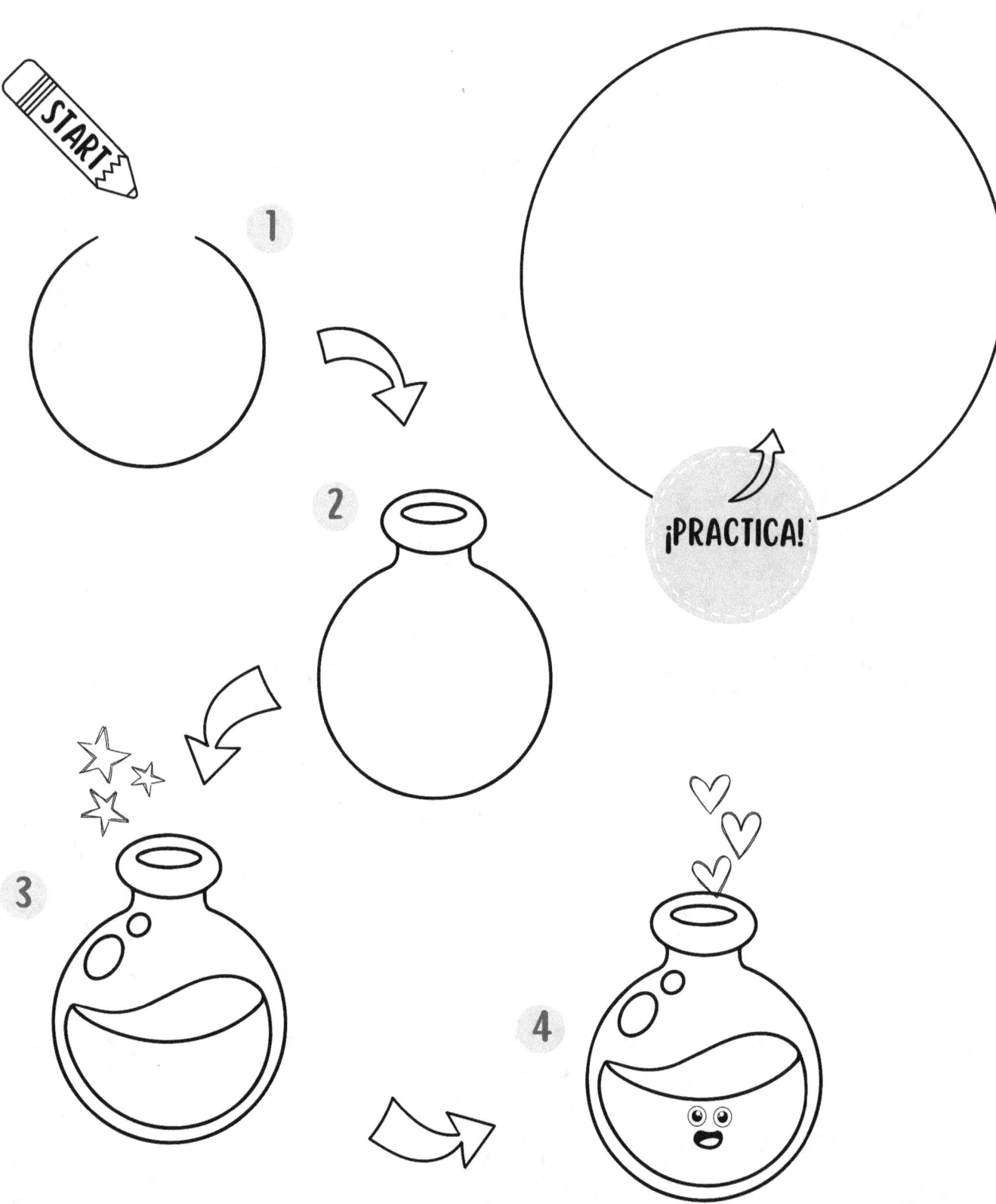

START

1

2

3

4

¡PRACTICA!

PATATAS

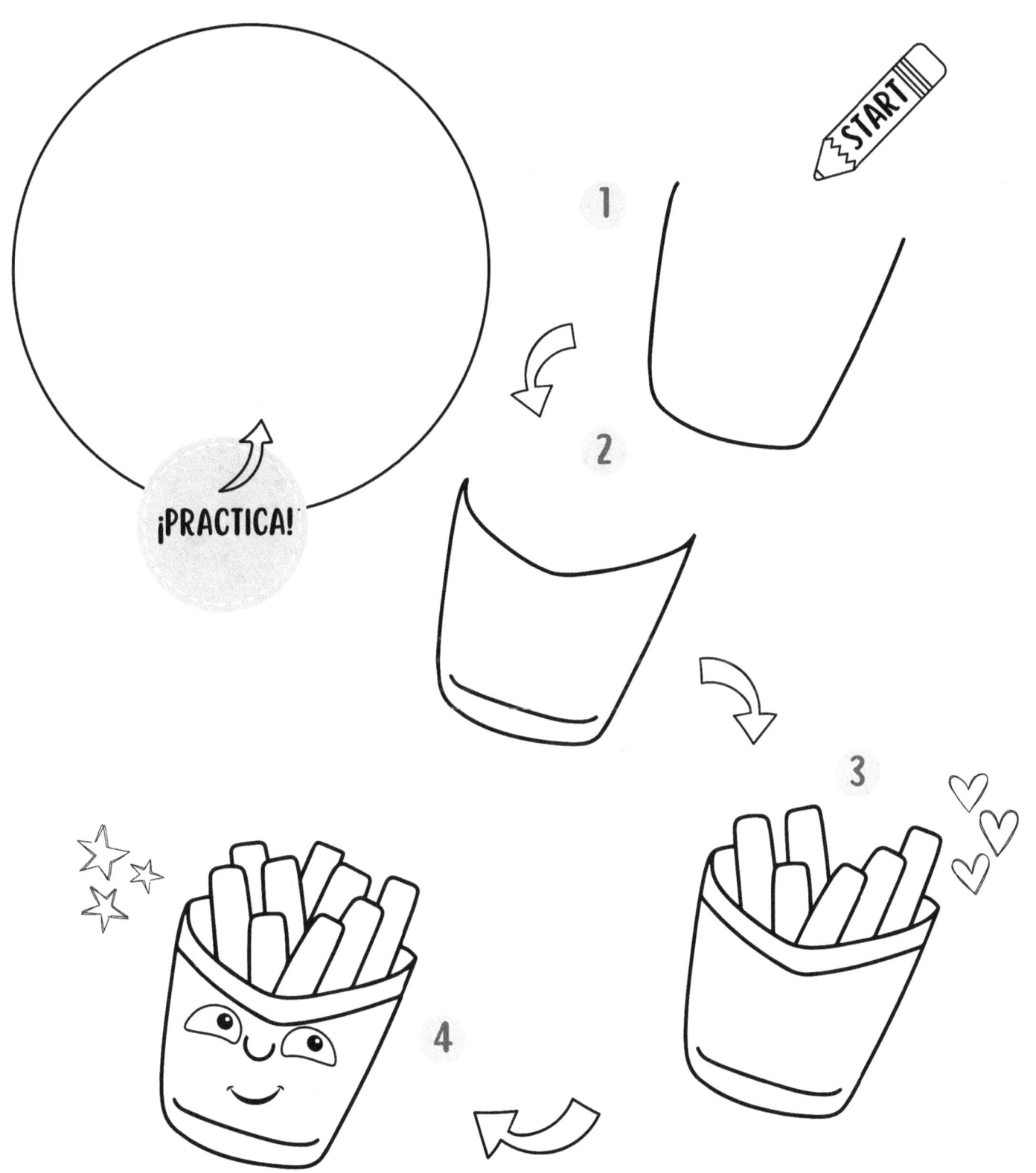

¡PRACTICA!

START

1

2

3

4

ABEJA

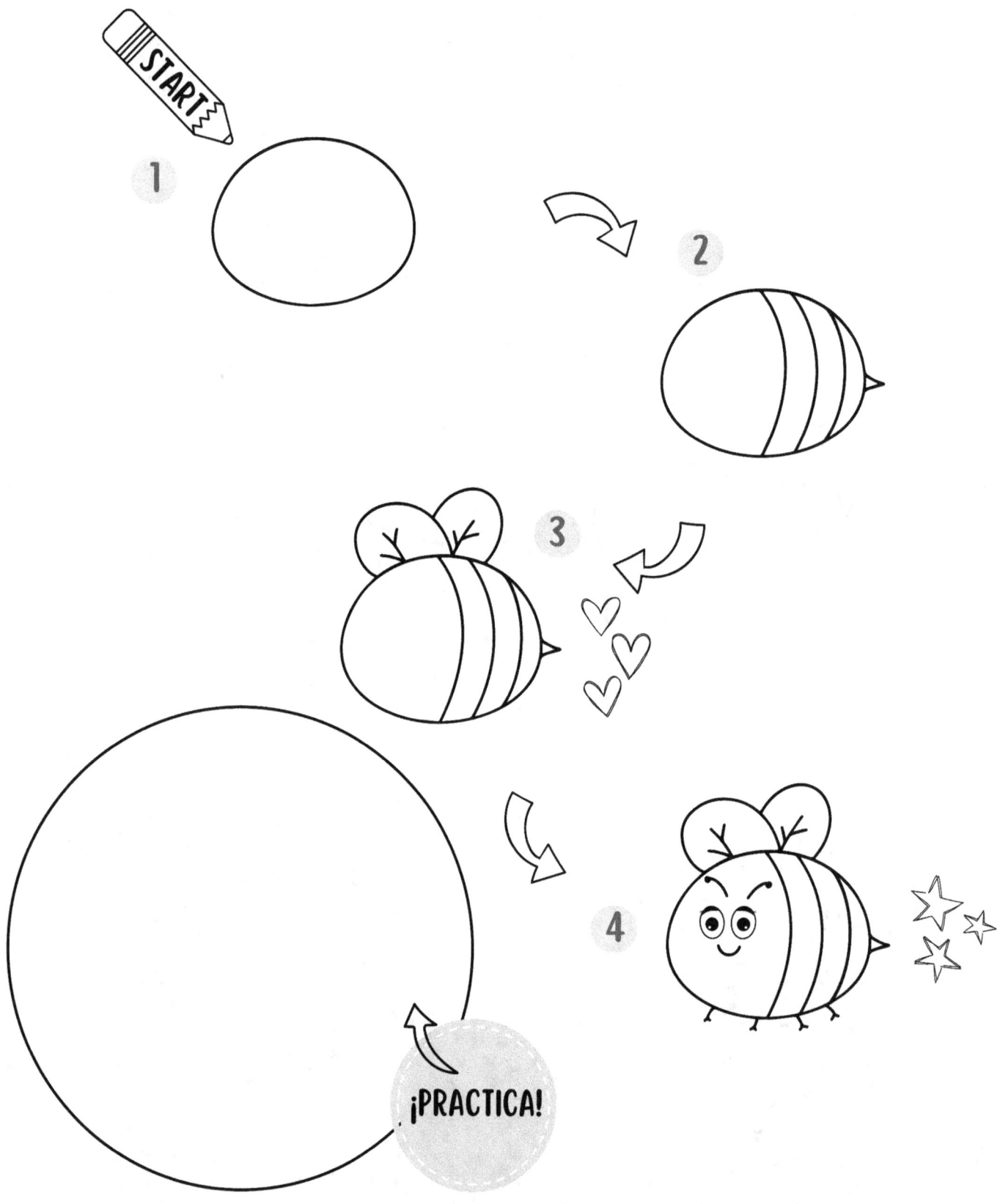

1

2

3

4

START

¡PRACTICA!

ARCOÍRIS

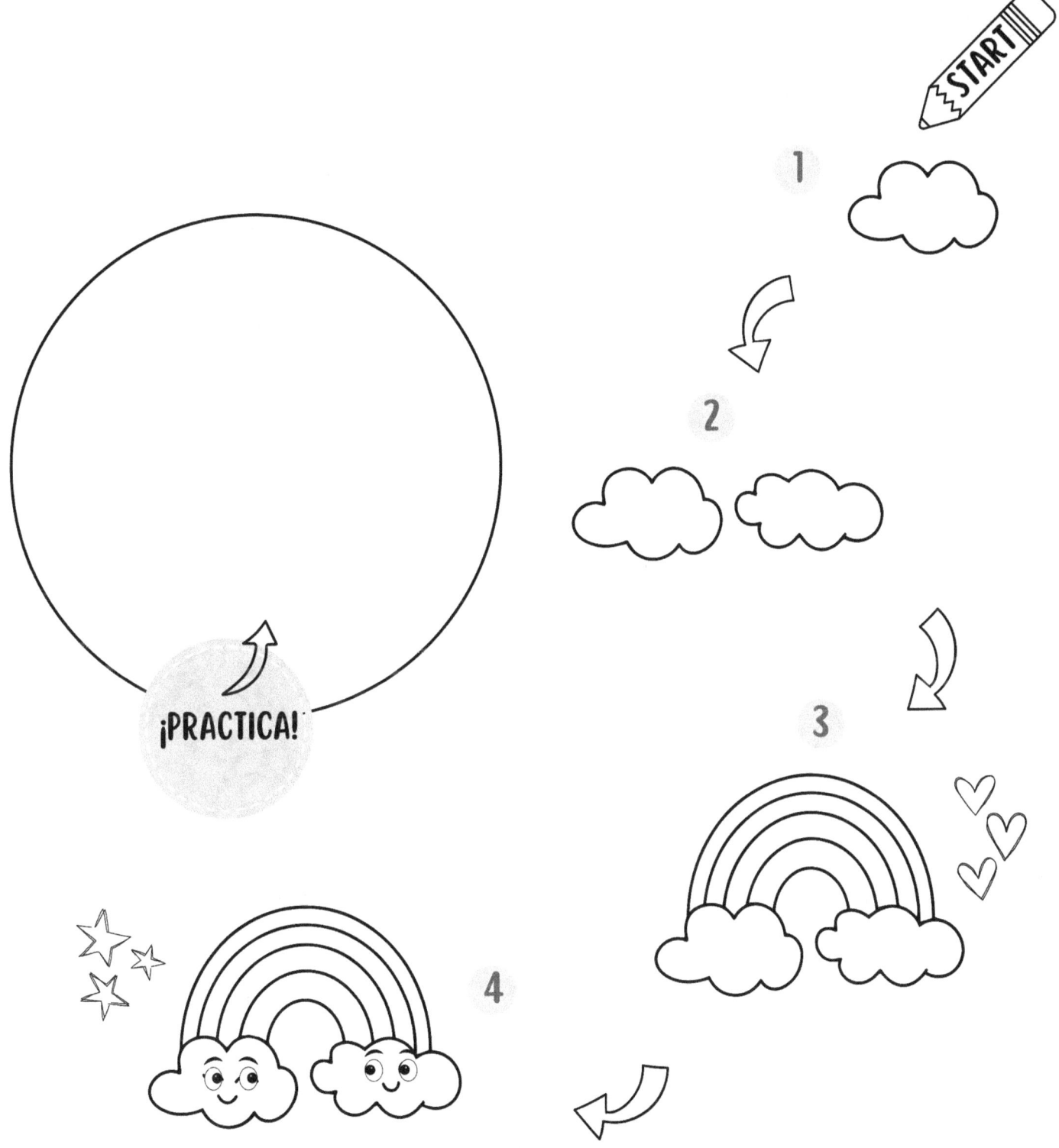

START

1

2

3

4

¡PRACTICA!

CARTÓN

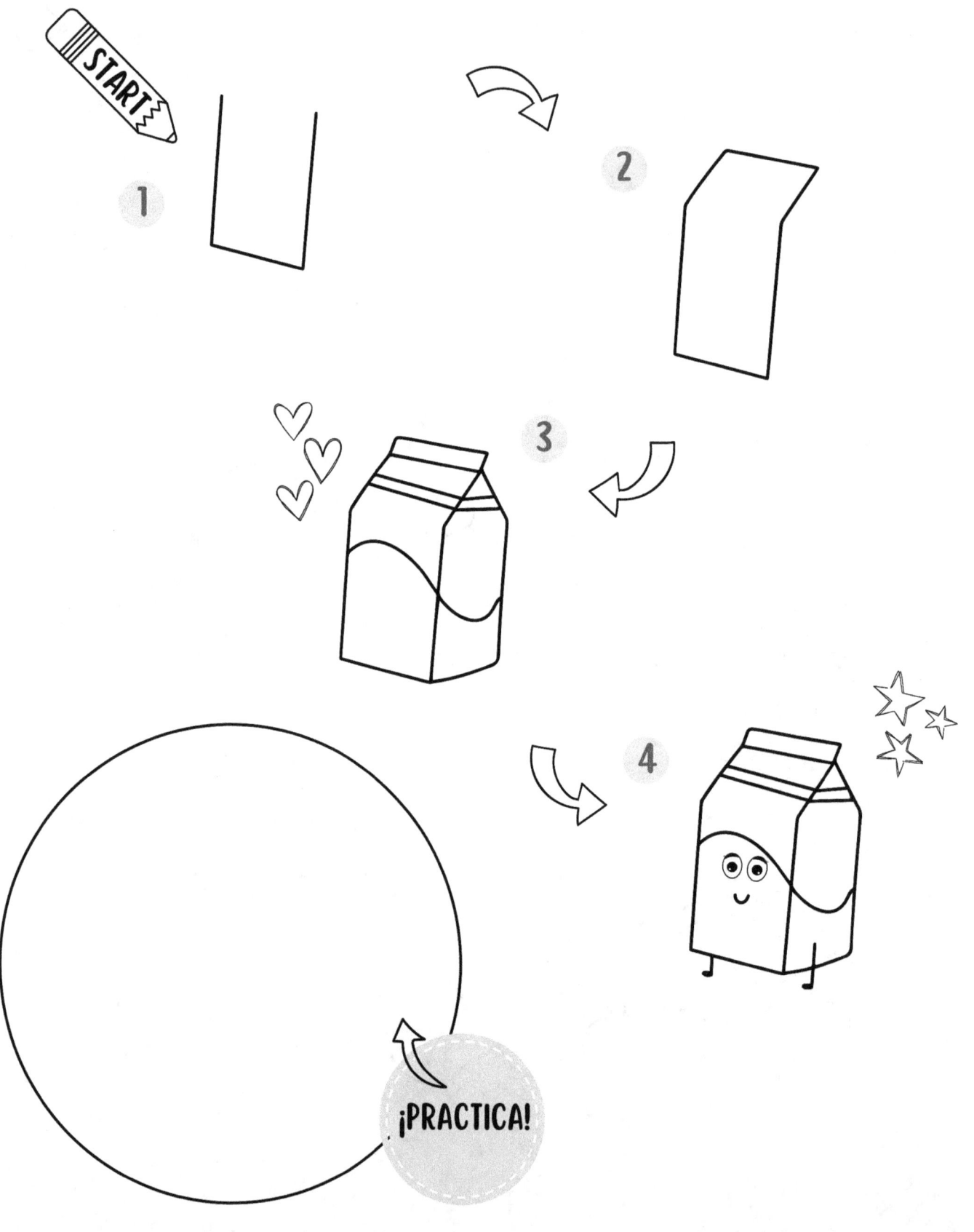

START

1

2

3

4

¡PRACTICA!

KOALA

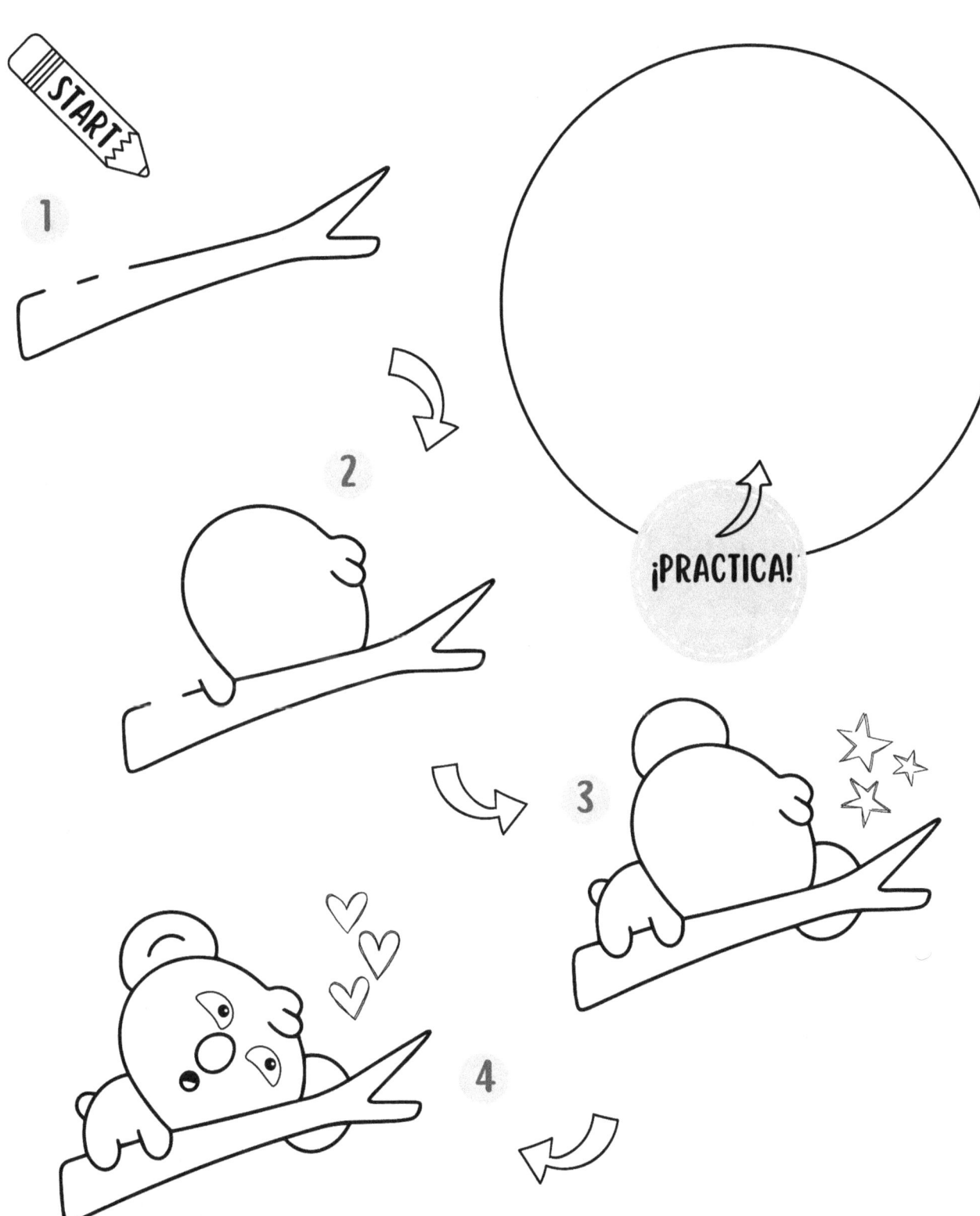

START

1

2

¡PRACTICA!

3

4

CARAMELO

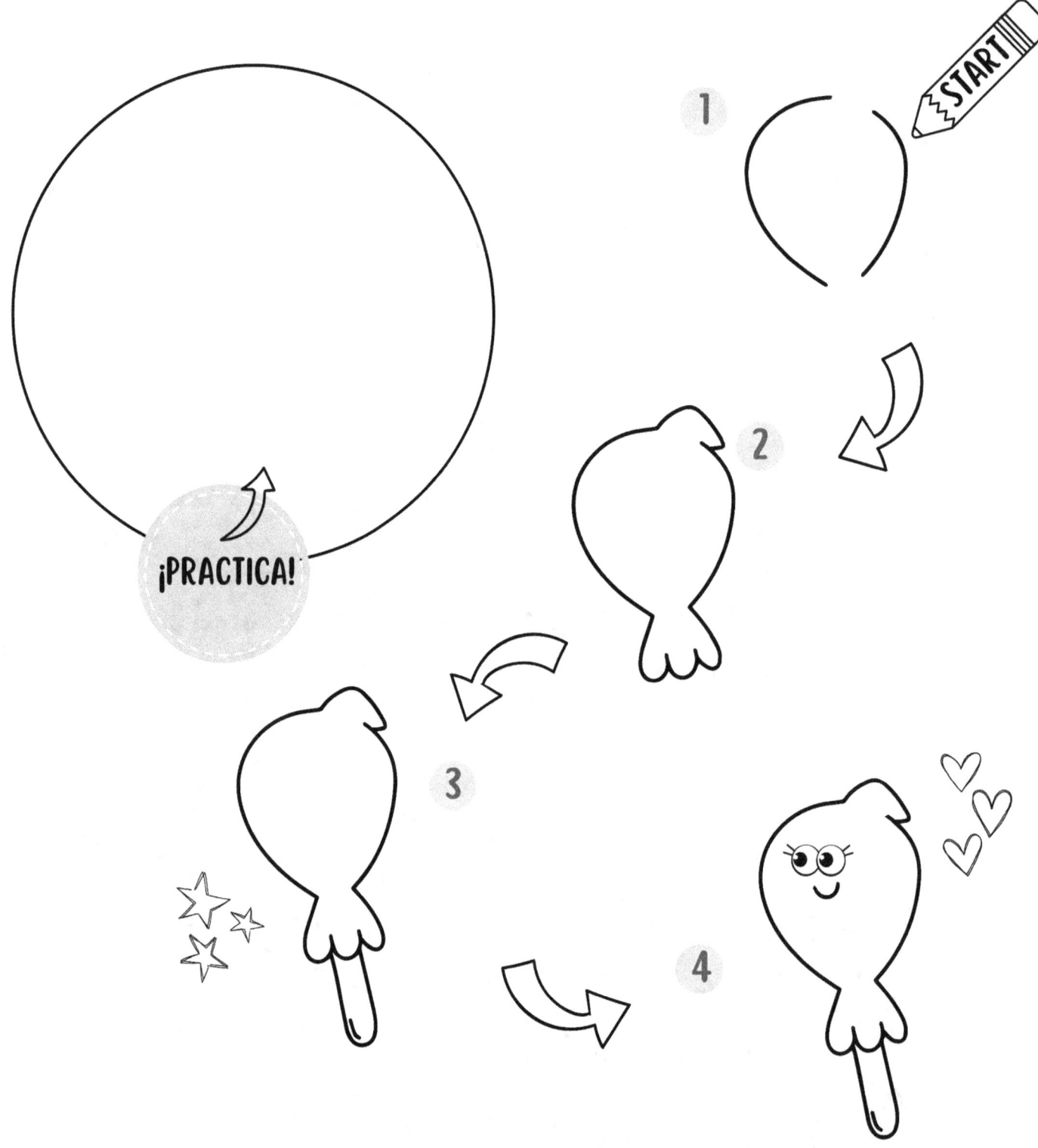

¡PRACTICA!

1

2

3

4

START

TARTA

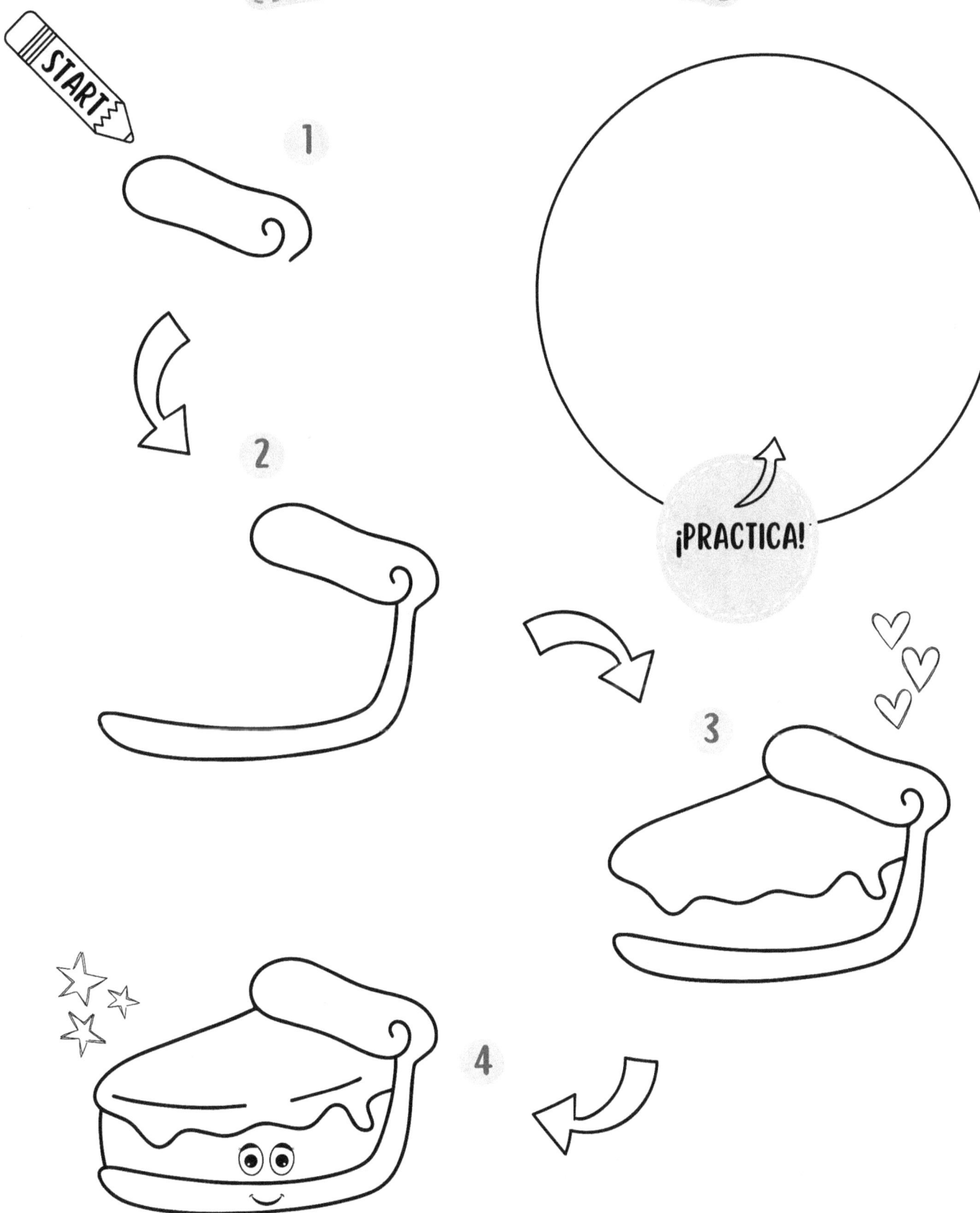

GOMA

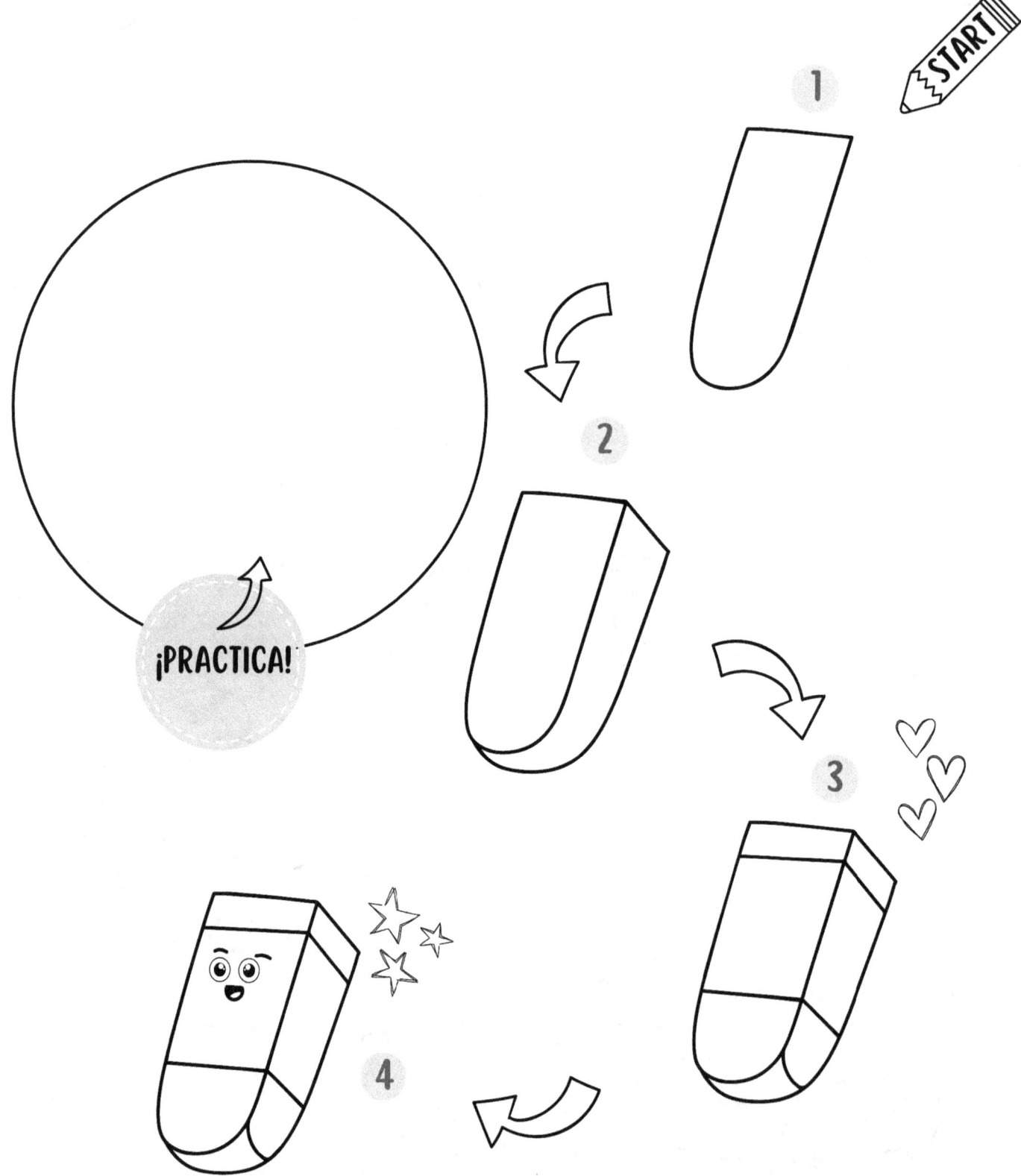

START

1

2

3

4

¡PRACTICA!

ORNITORRINCO

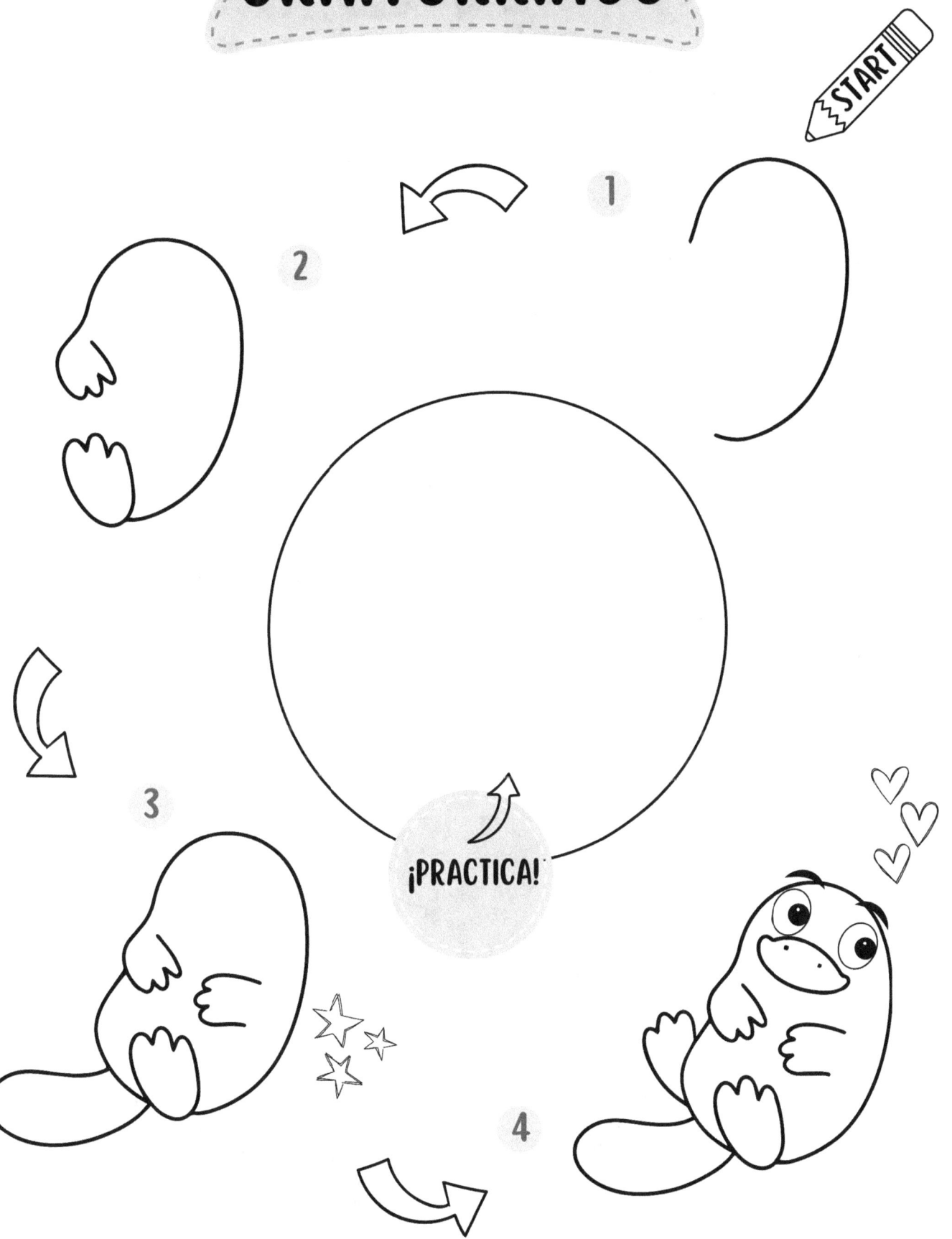

START

1

2

3

¡PRACTICA!

4

OVNI

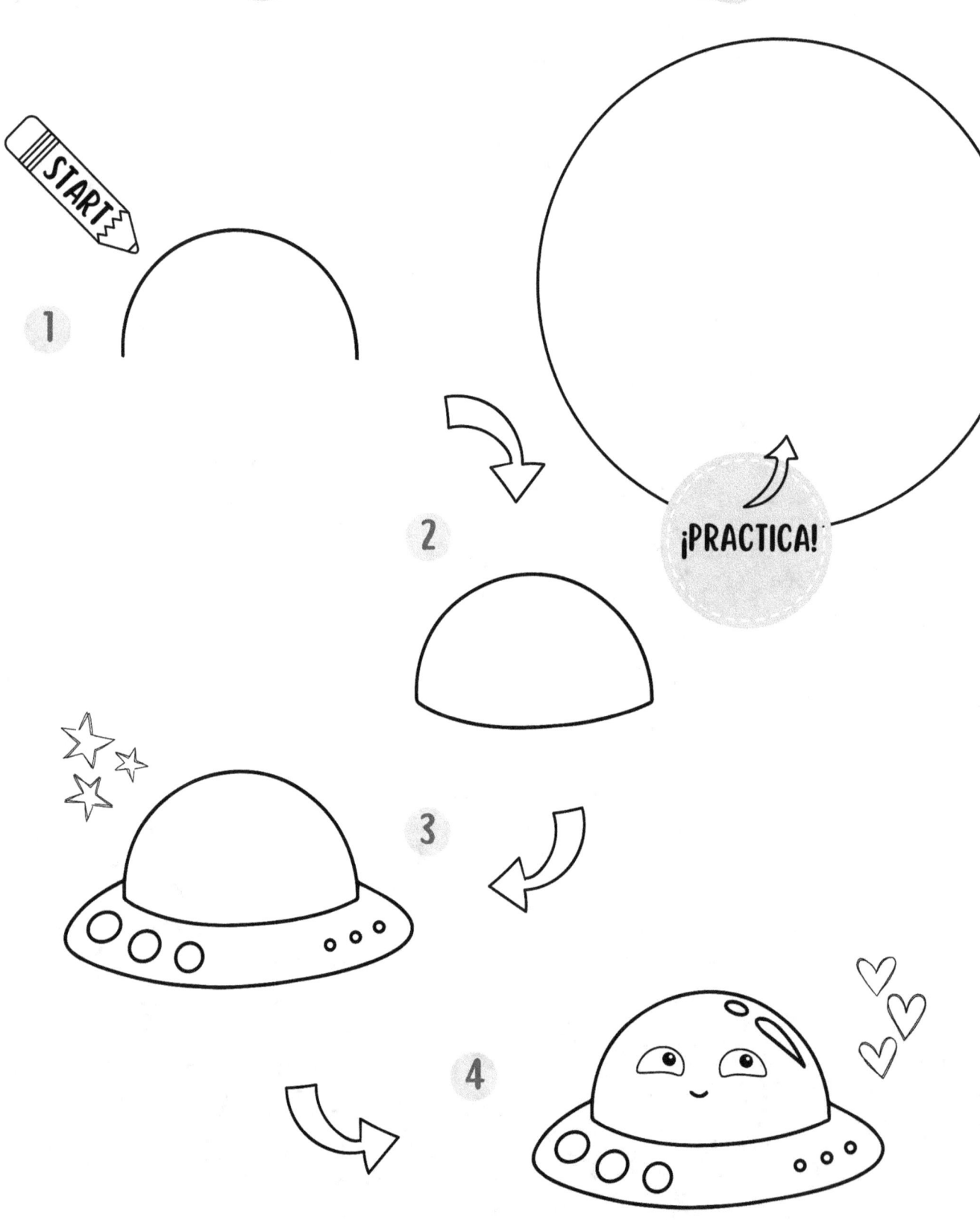

START

1

2

¡PRACTICA!

3

4

BOLSA DE TÉ

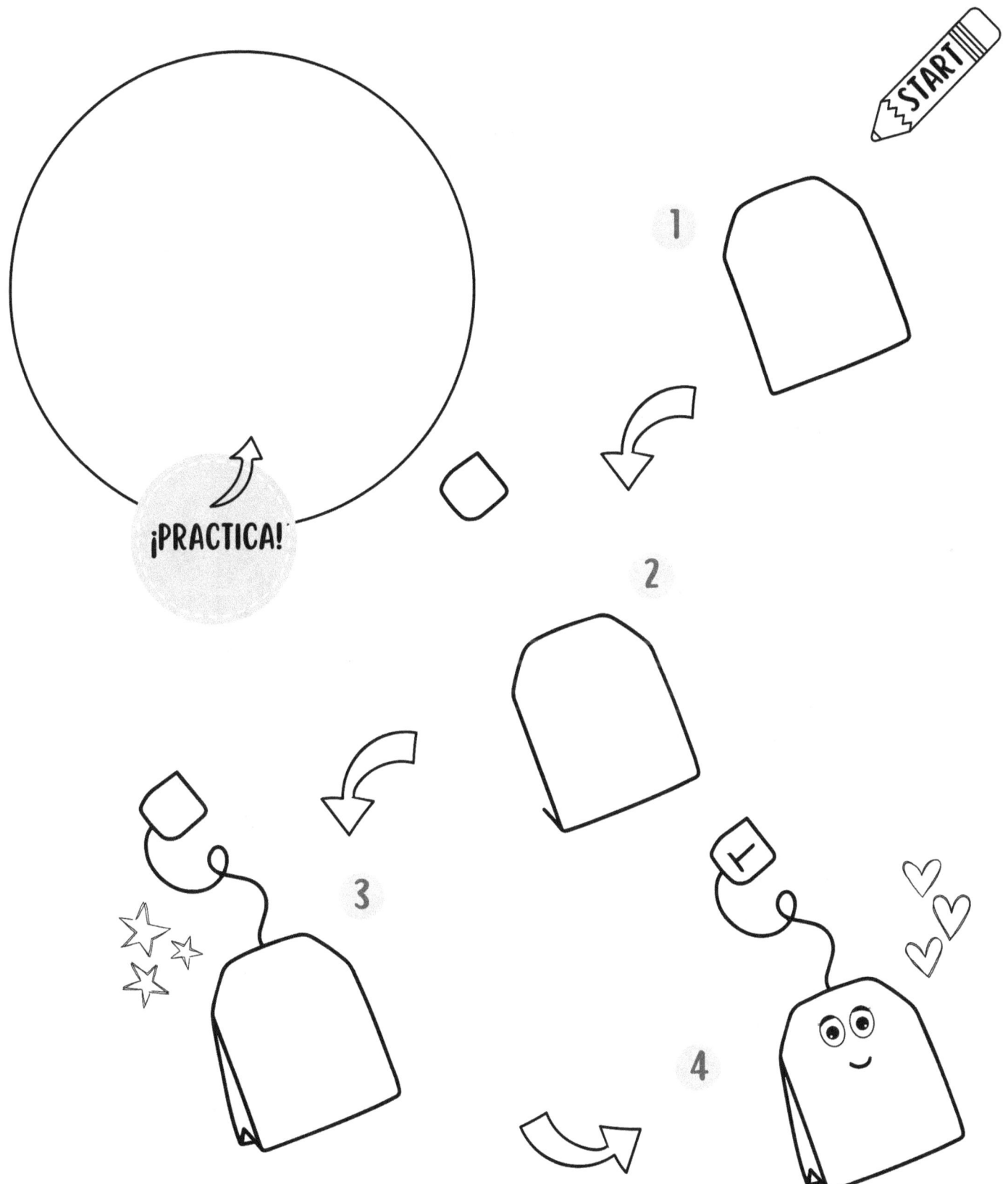

START

¡PRACTICA!

1

2

3

4

CACTUS

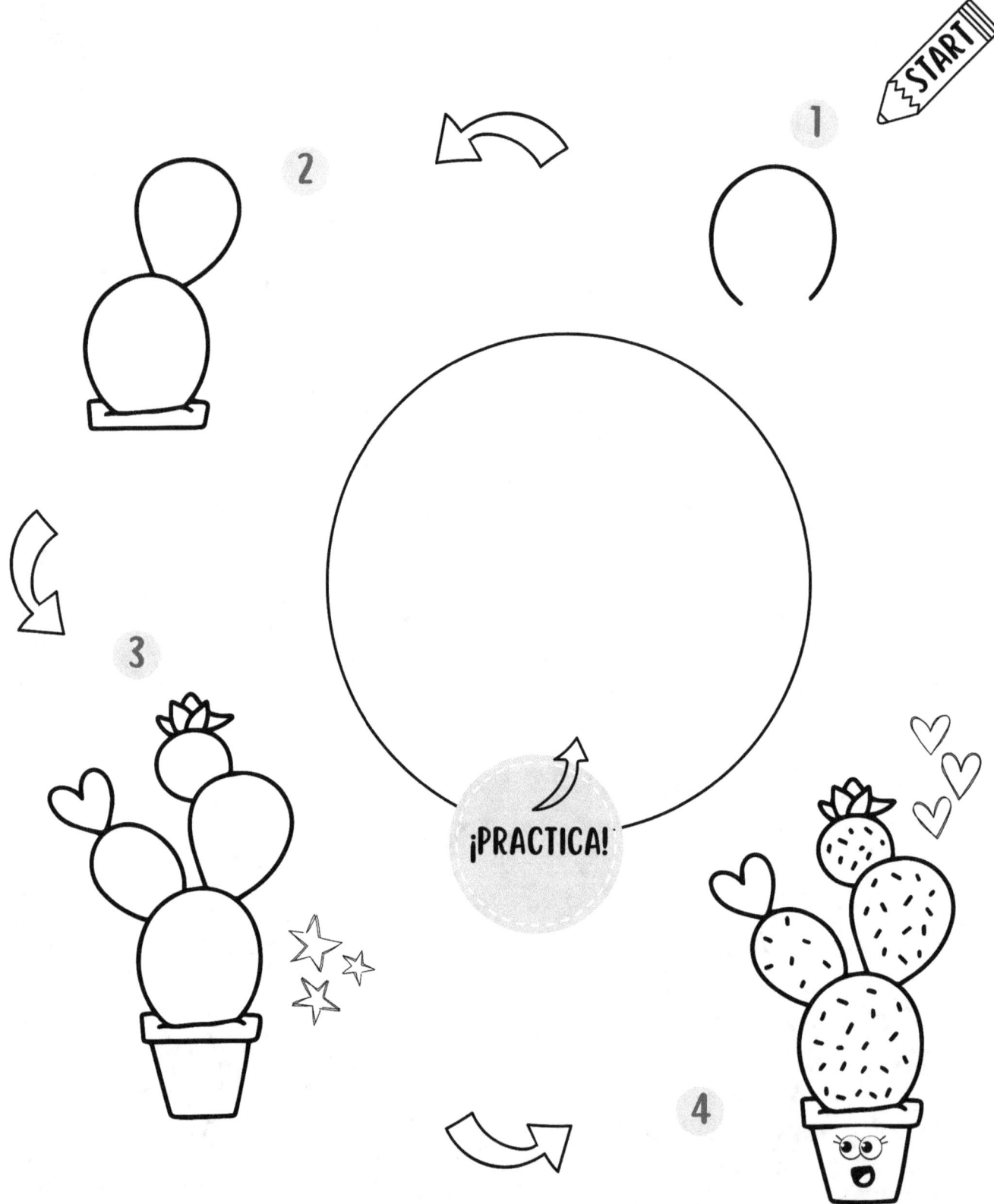

START

1

2

3

4

¡PRACTICA!

PULPO

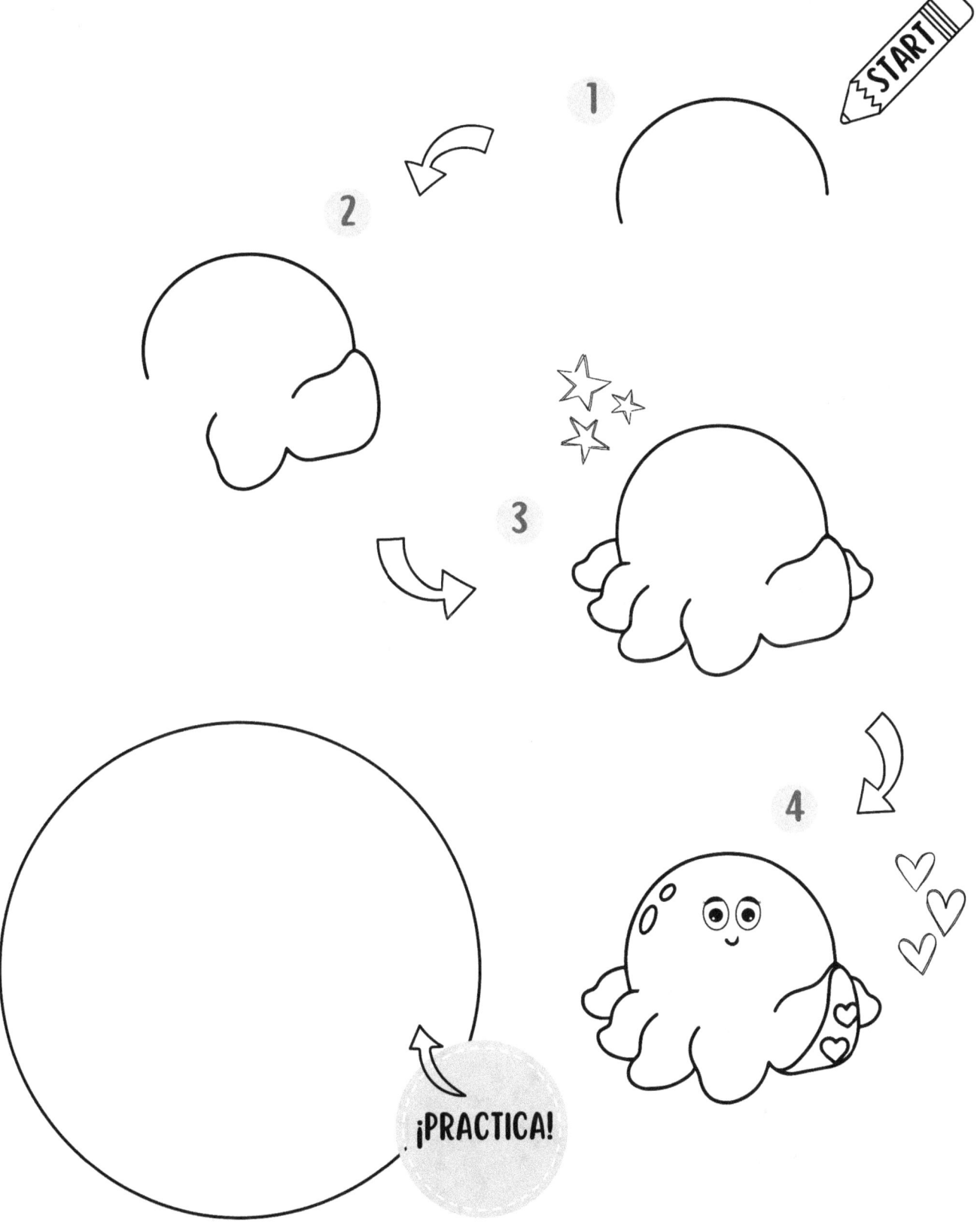

1

2

3

4

START

¡PRACTICA!

LIBRO

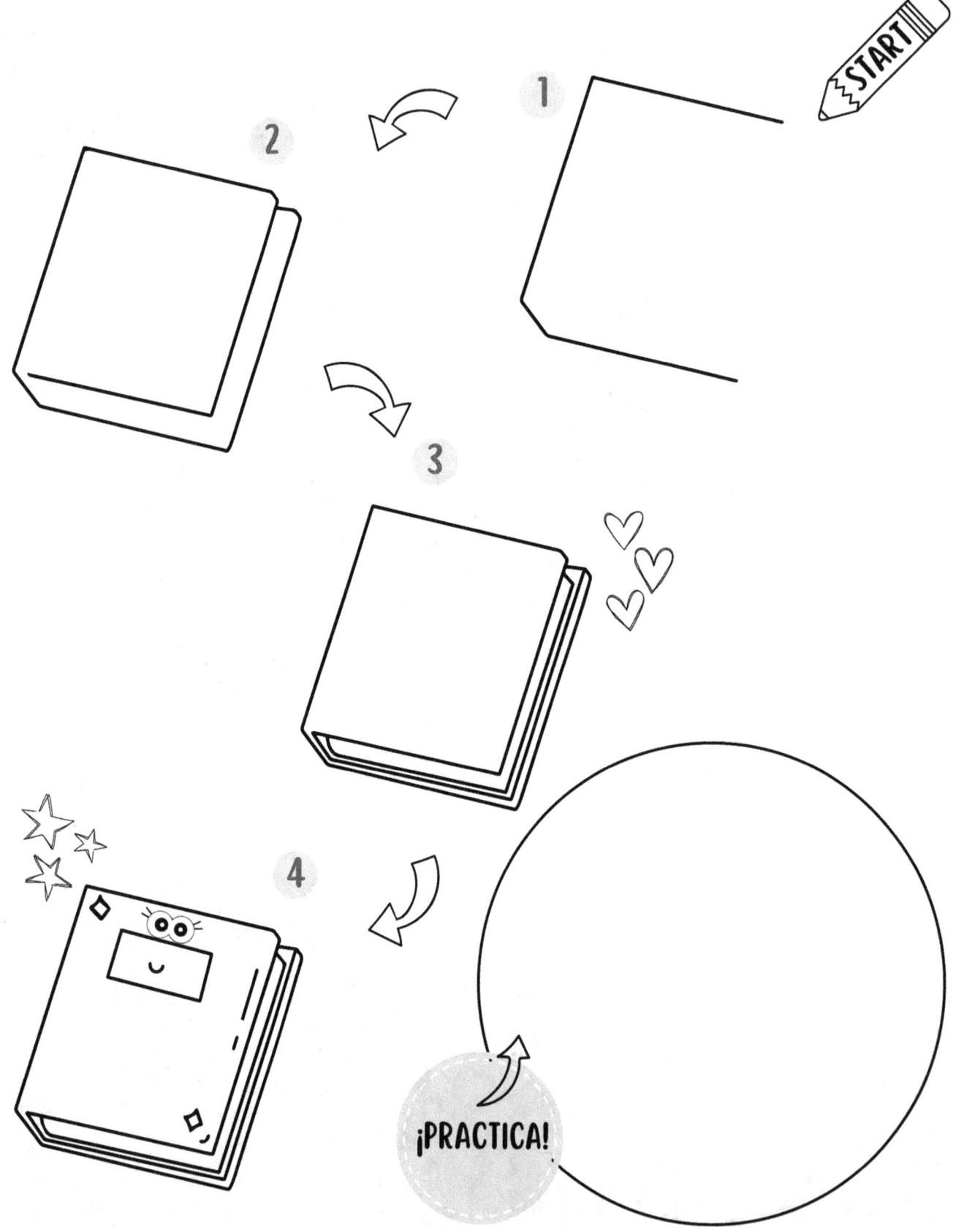

START

1

2

3

4

¡PRACTICA!

LÁPIZ DE LABIOS

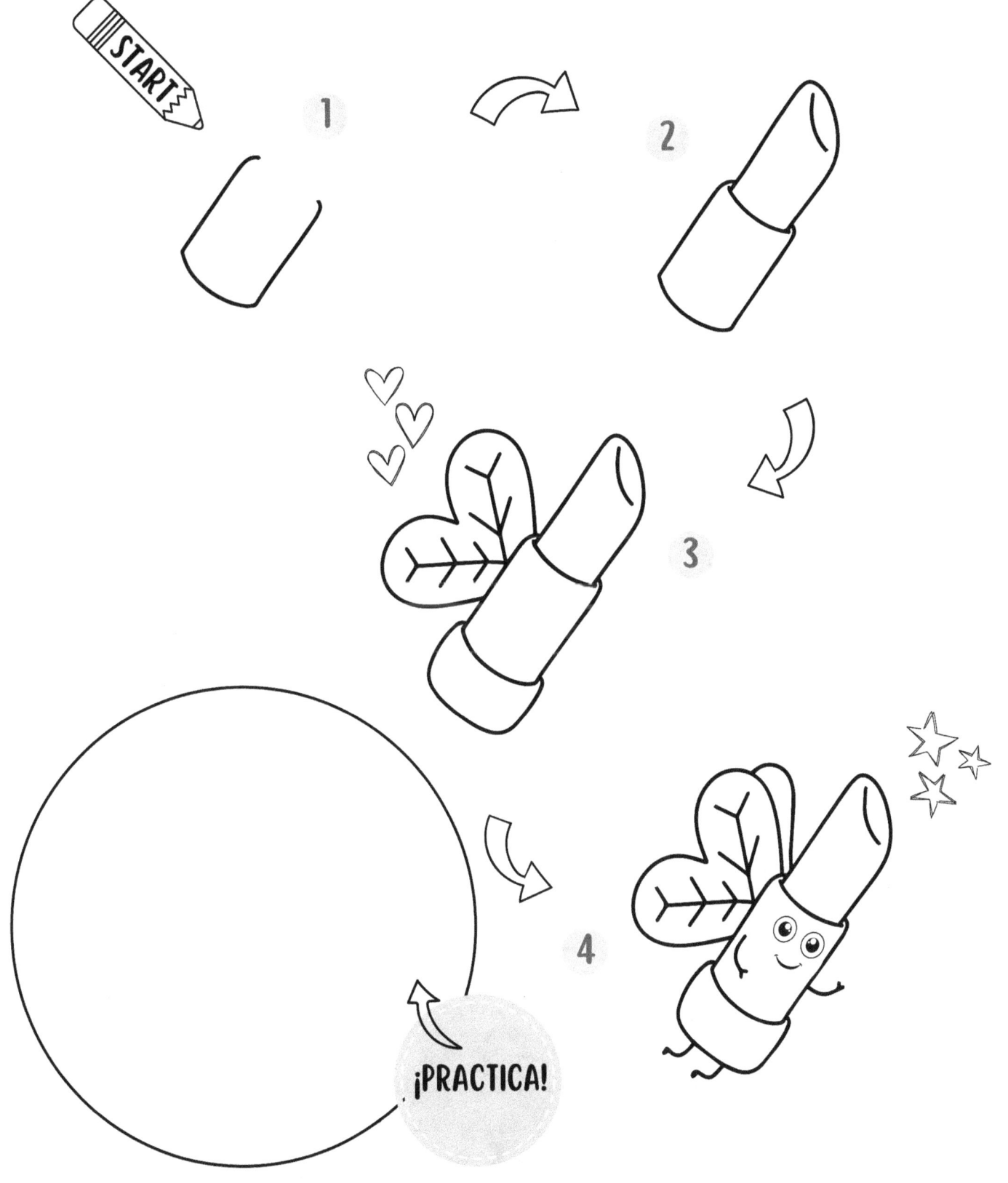

START

1

2

3

4

¡PRACTICA!

ZANAHORIA

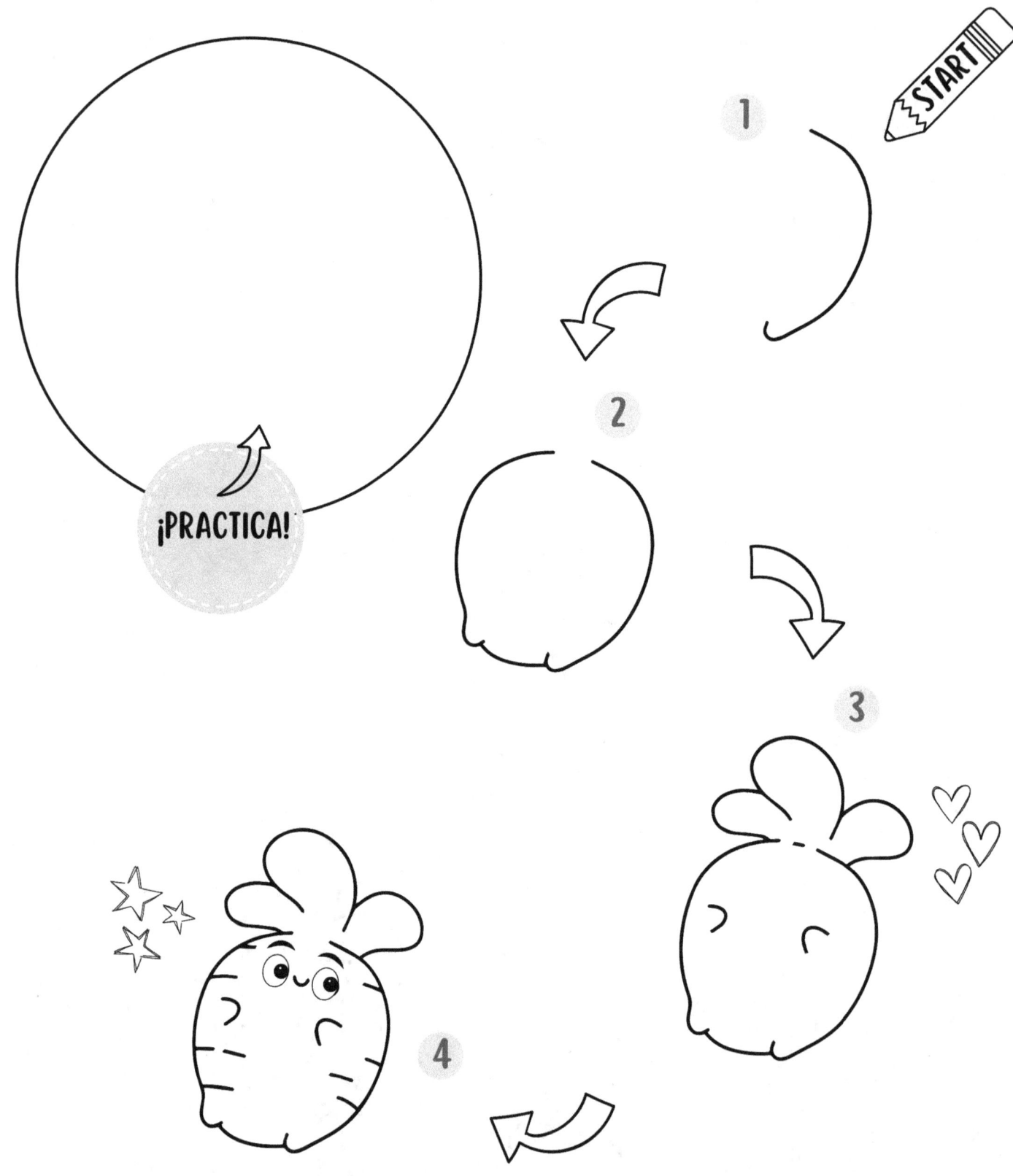

¡PRACTICA!

START

1

2

3

4

CREMA

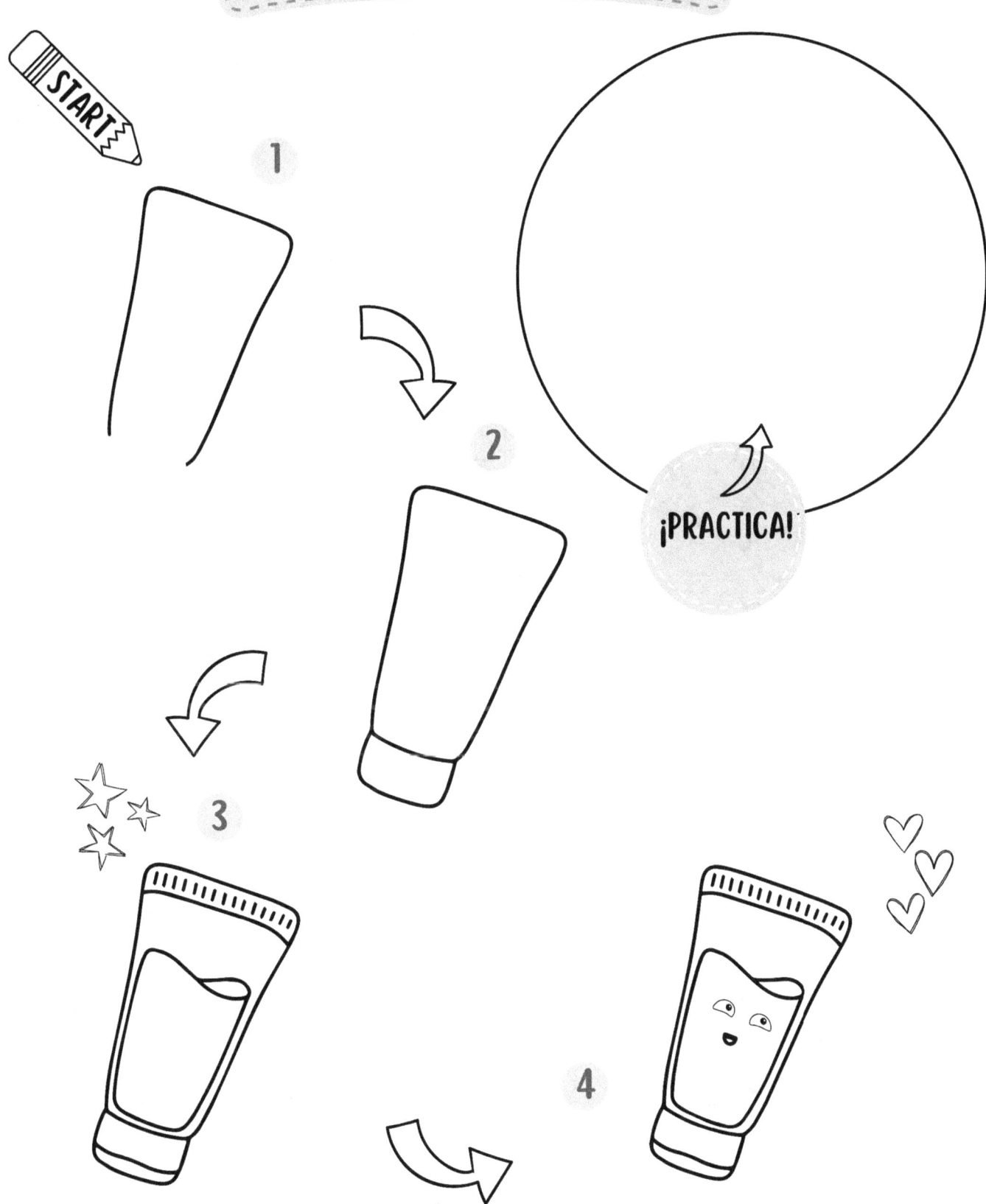

START

1

2

3

4

¡PRACTICA!

BURBUJA

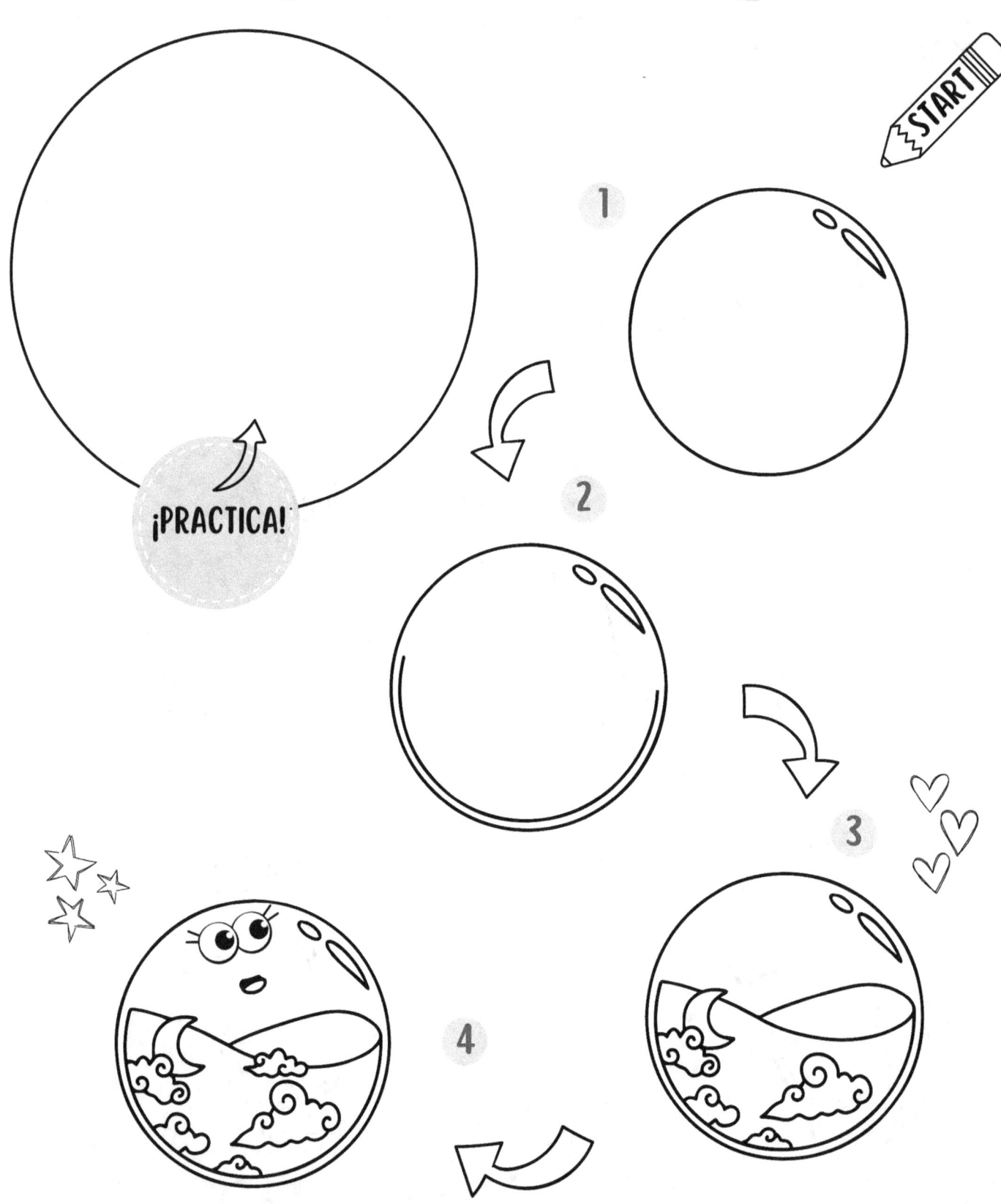

GIRAFA

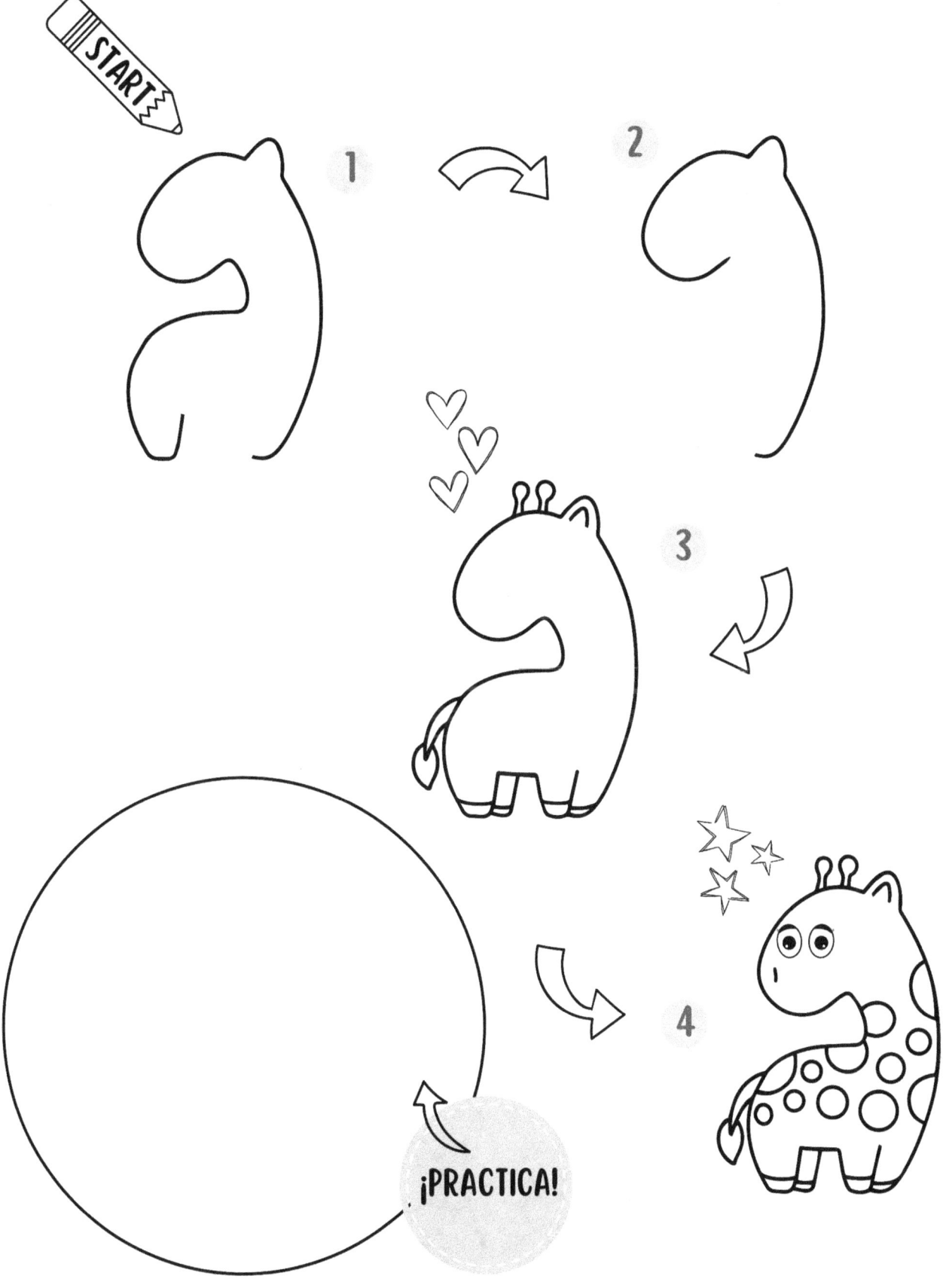

START

1

2

3

4

¡PRACTICA!

CARNERO

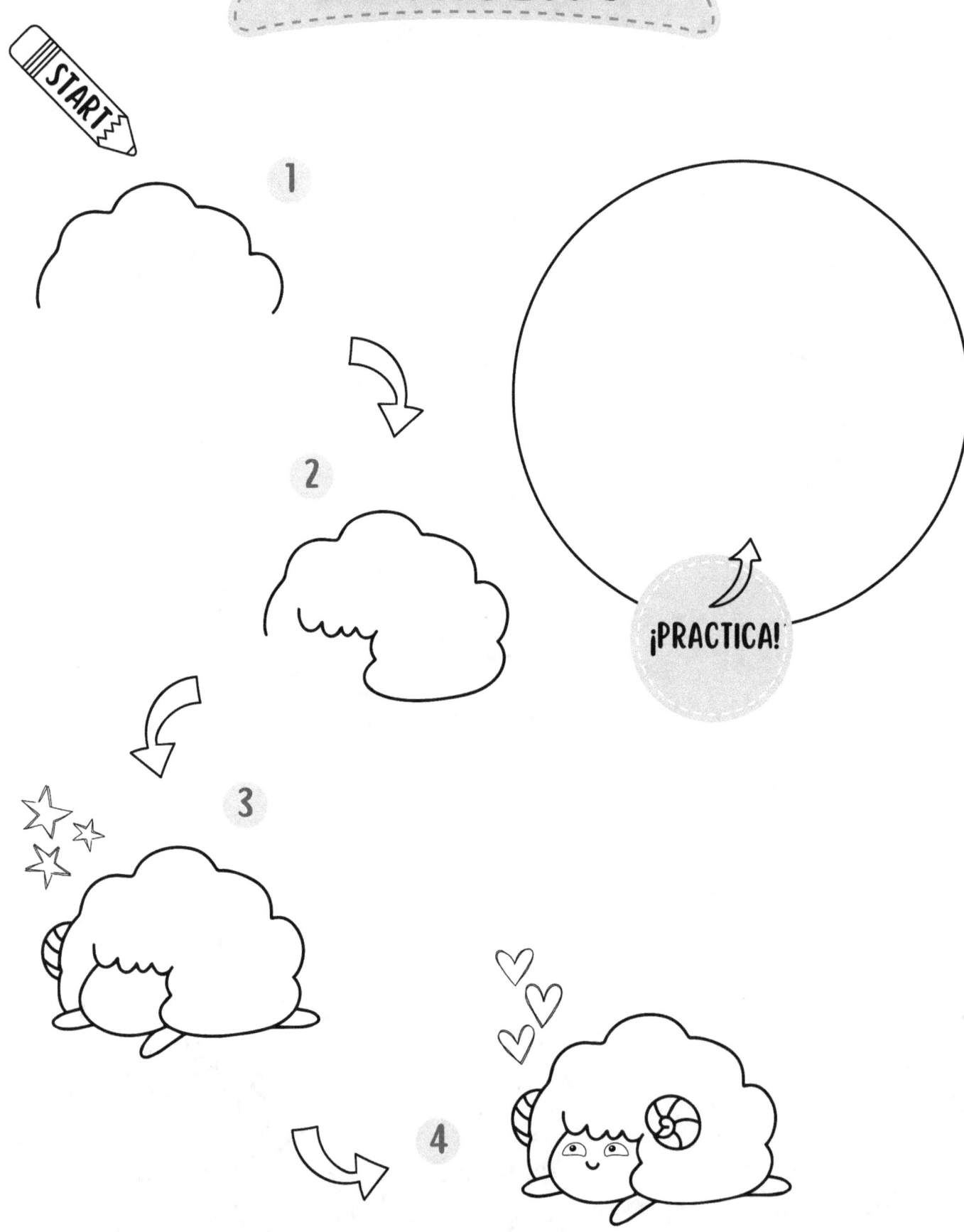

START

1

2

¡PRACTICA!

3

4

CERDO

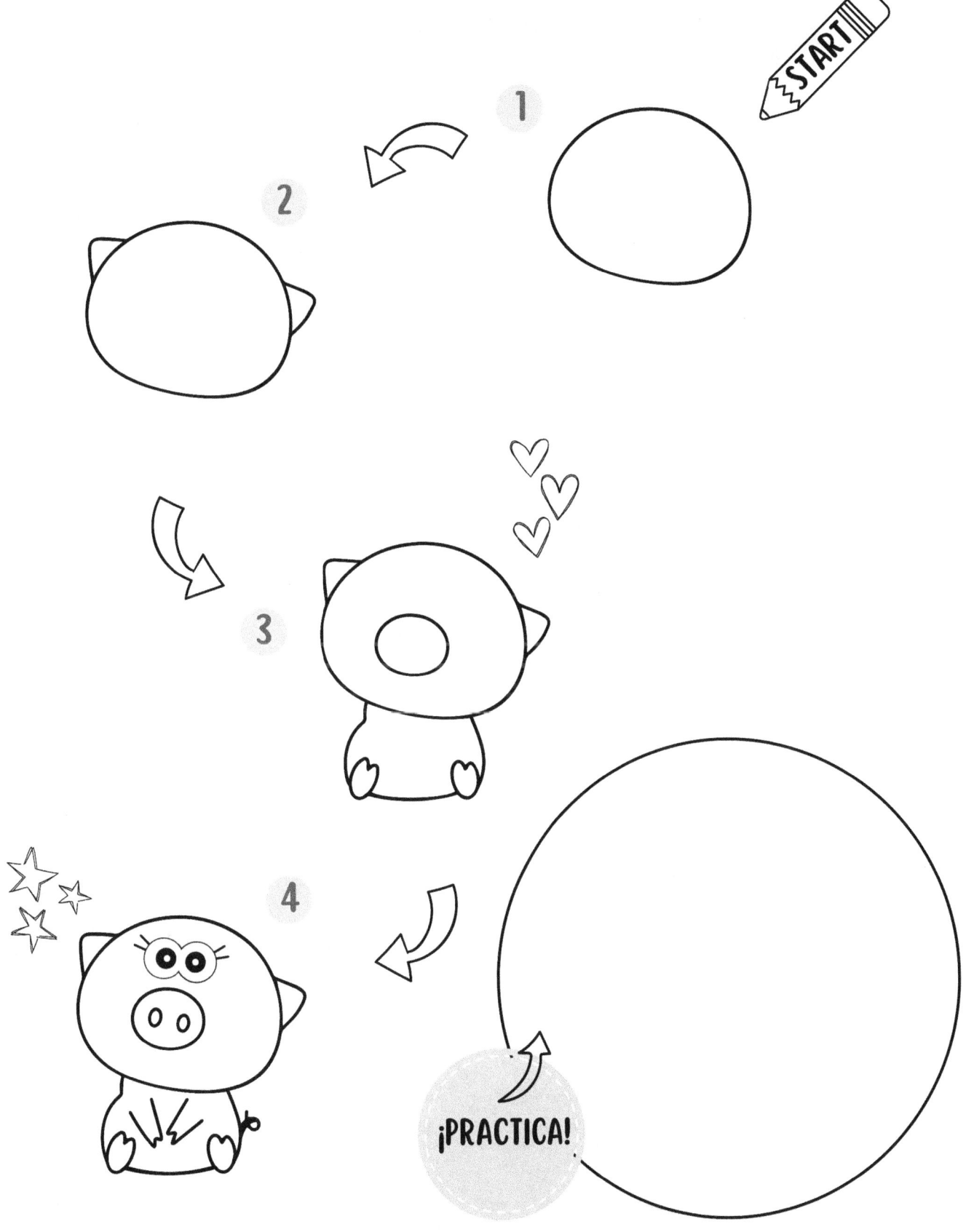

START

1

2

3

4

¡PRACTICA!

CONEJO

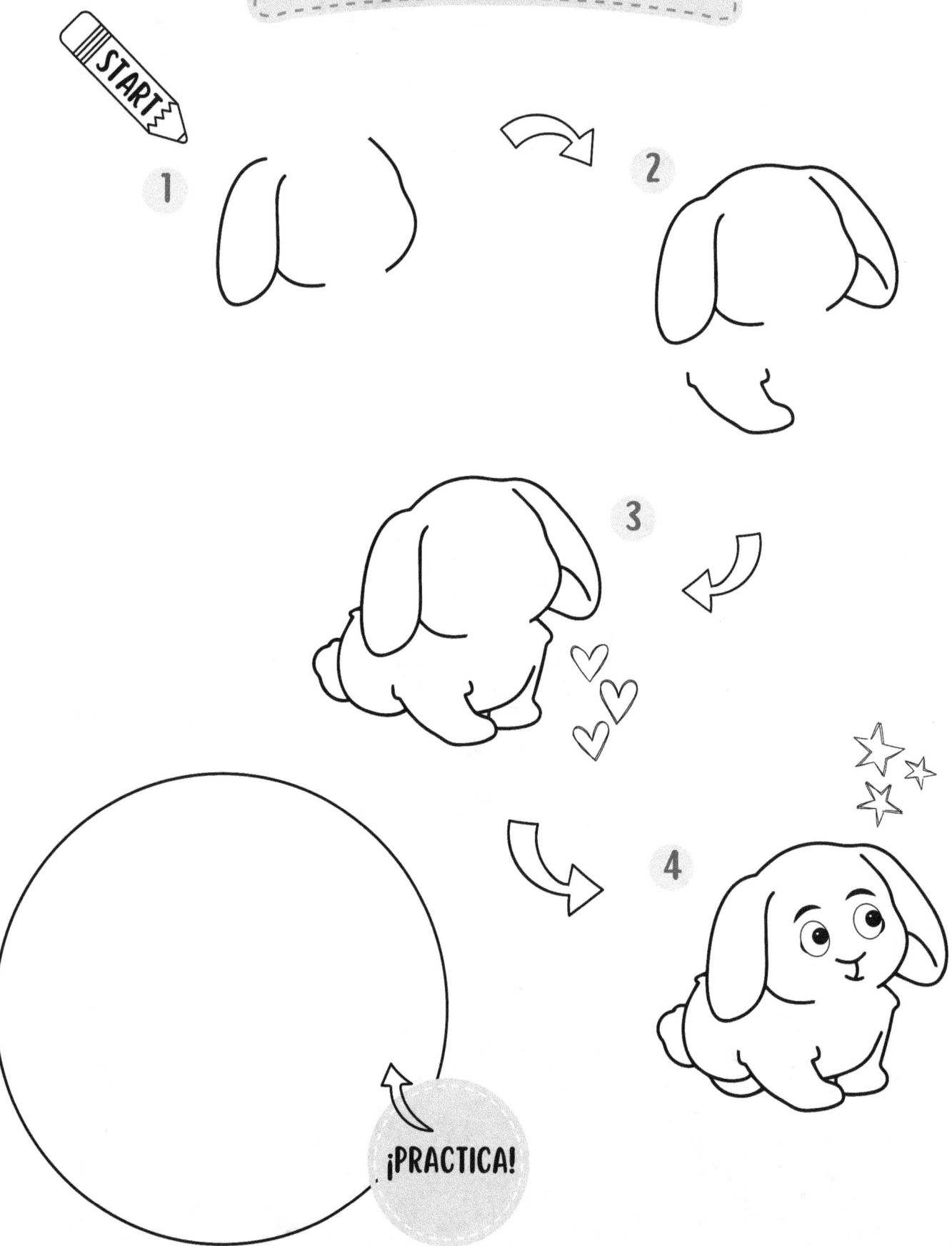

START

1

2

3

4

¡PRACTICA!

POLLITO

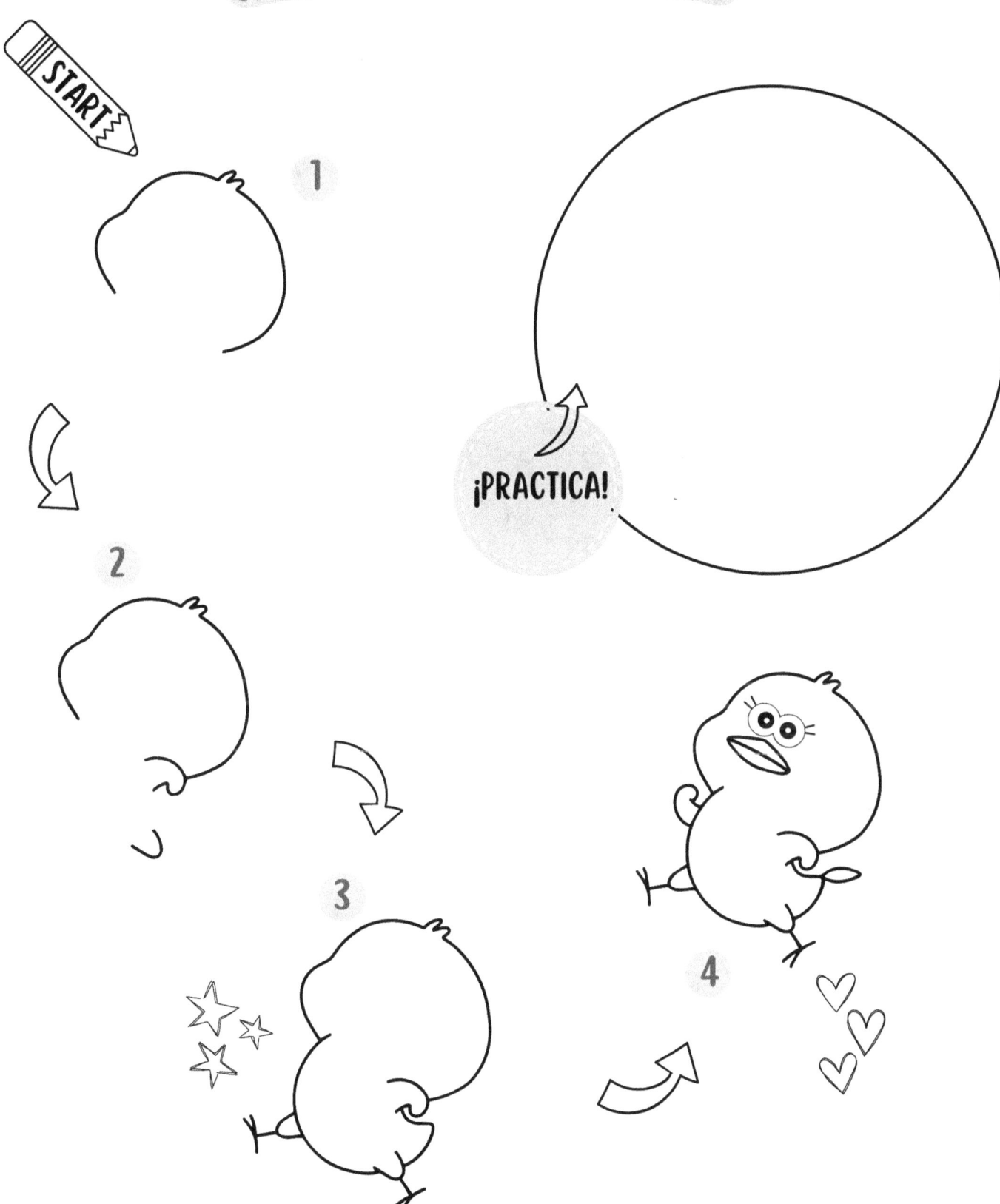

TALADRO

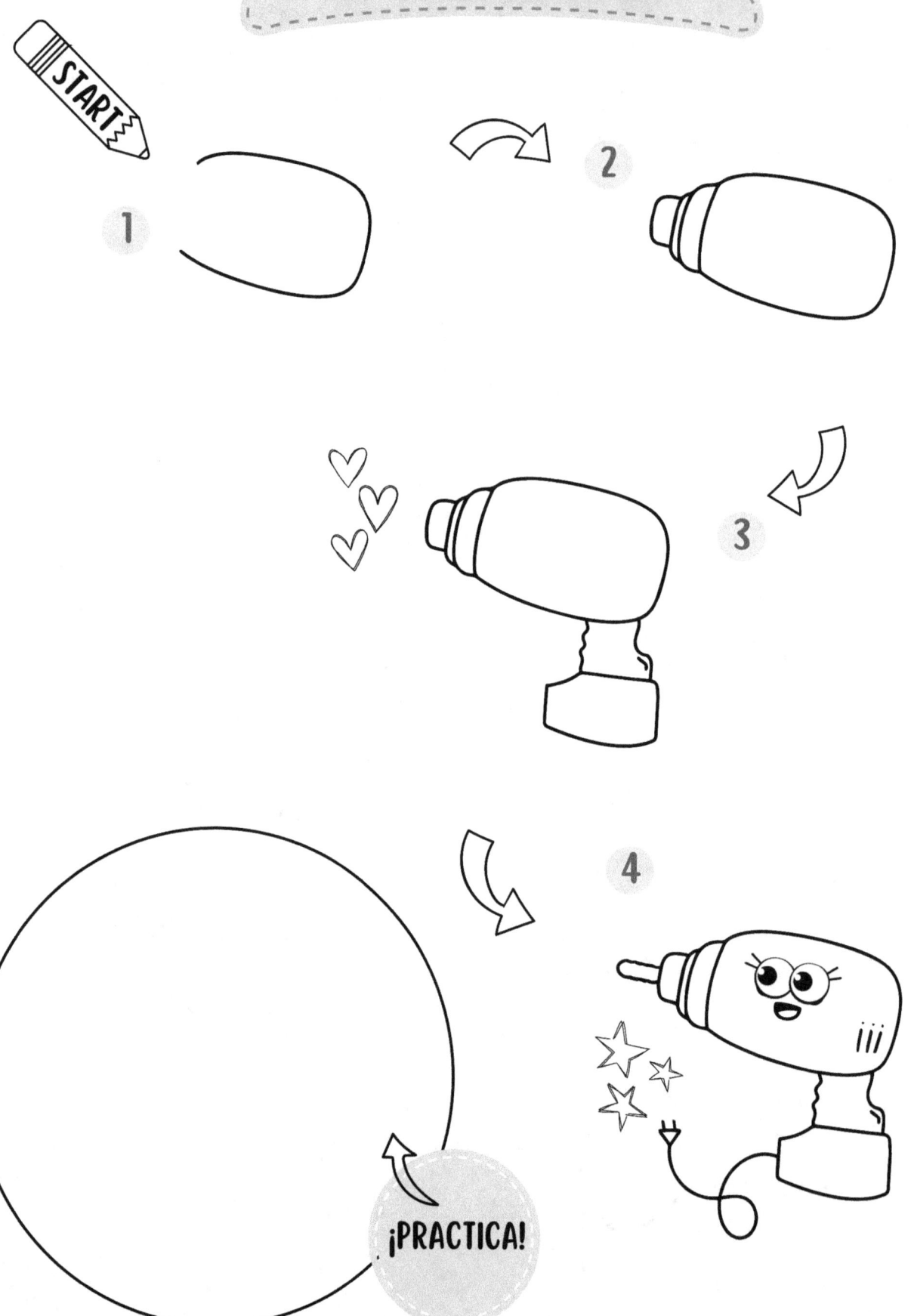

START

1

2

3

4

¡PRACTICA!

PEZ

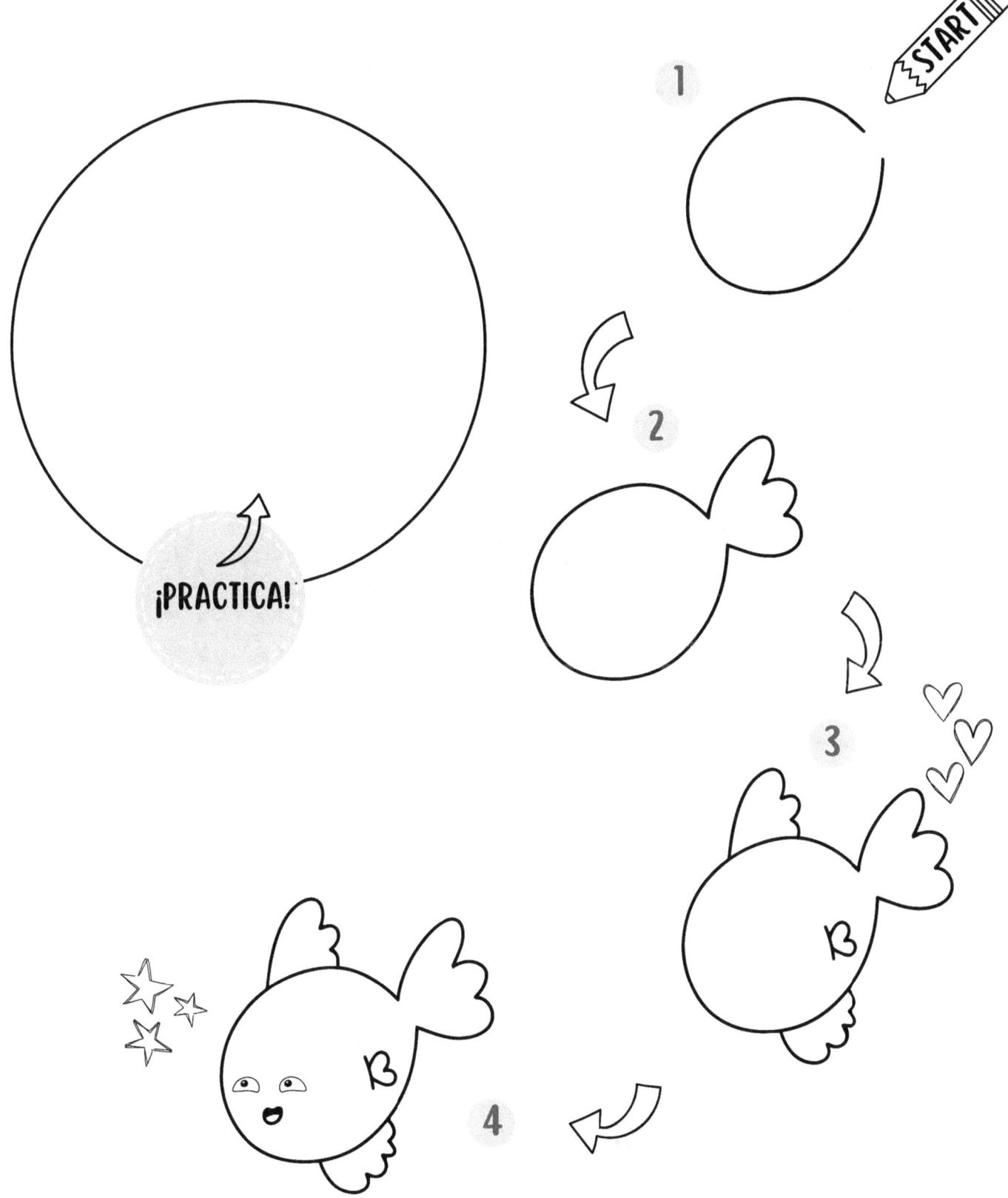

START

1

2

3

4

¡PRACTICA!

JABÓN

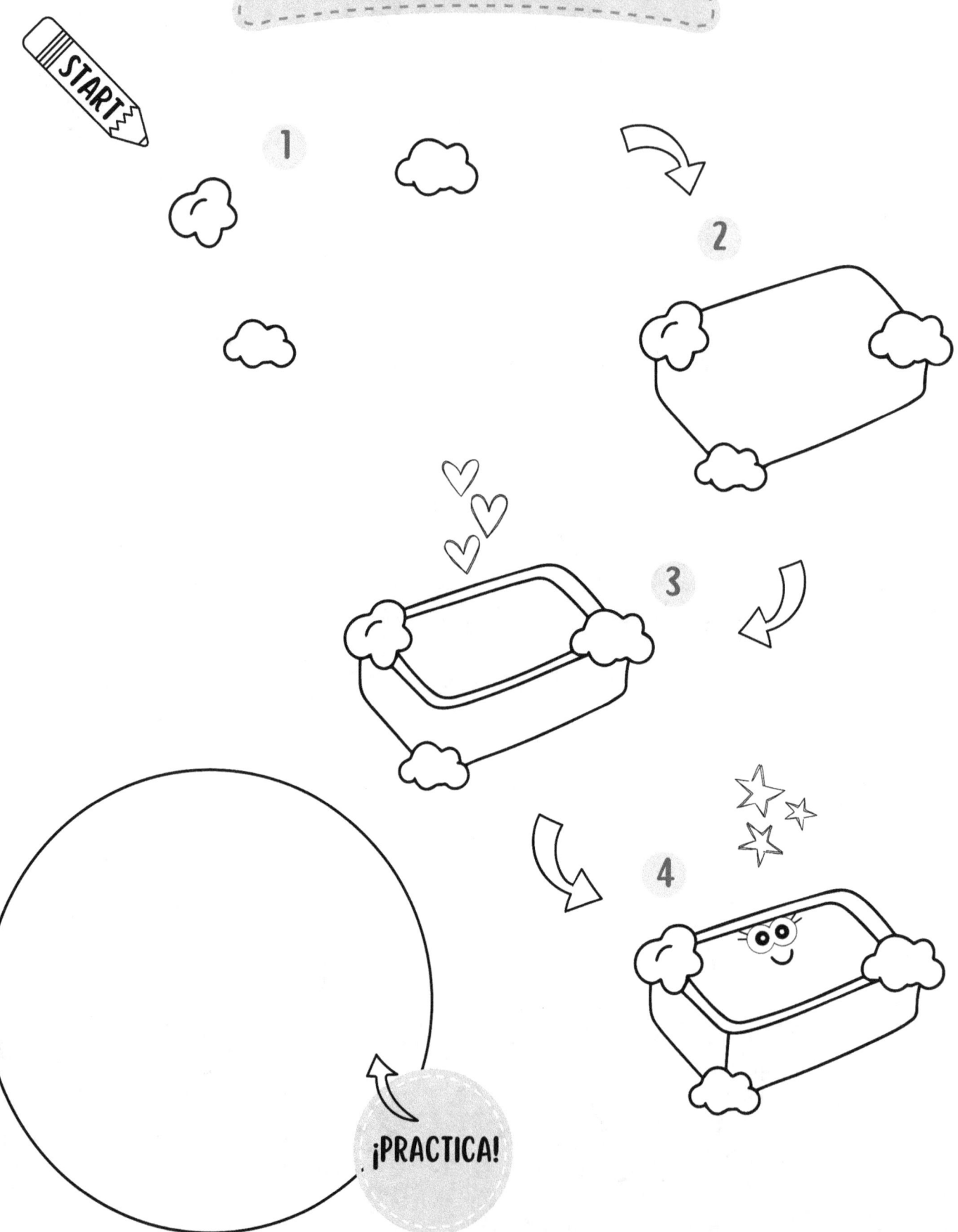

AVIÓN

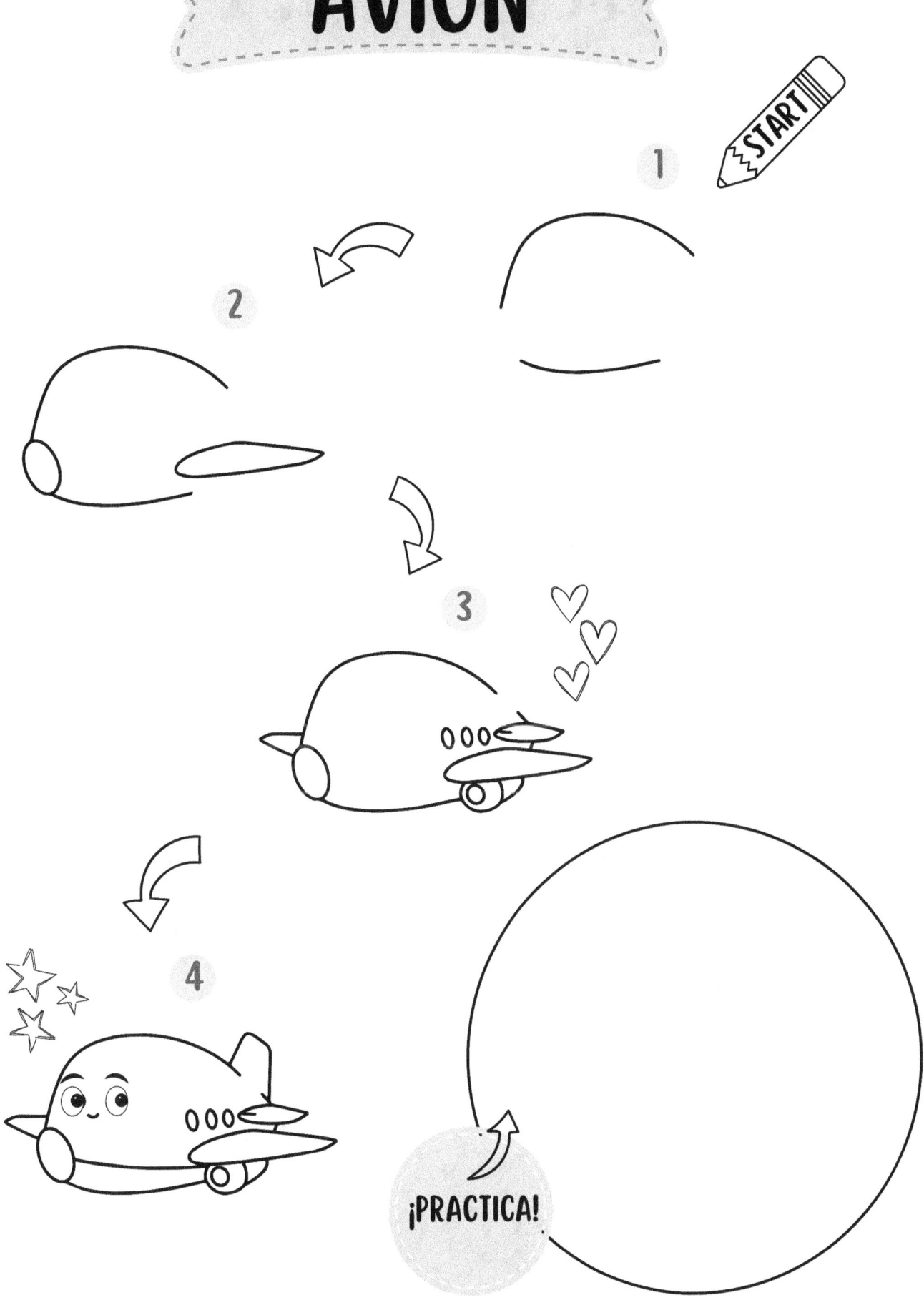

START

1

2

3

4

¡PRACTICA!

DESPERTADOR

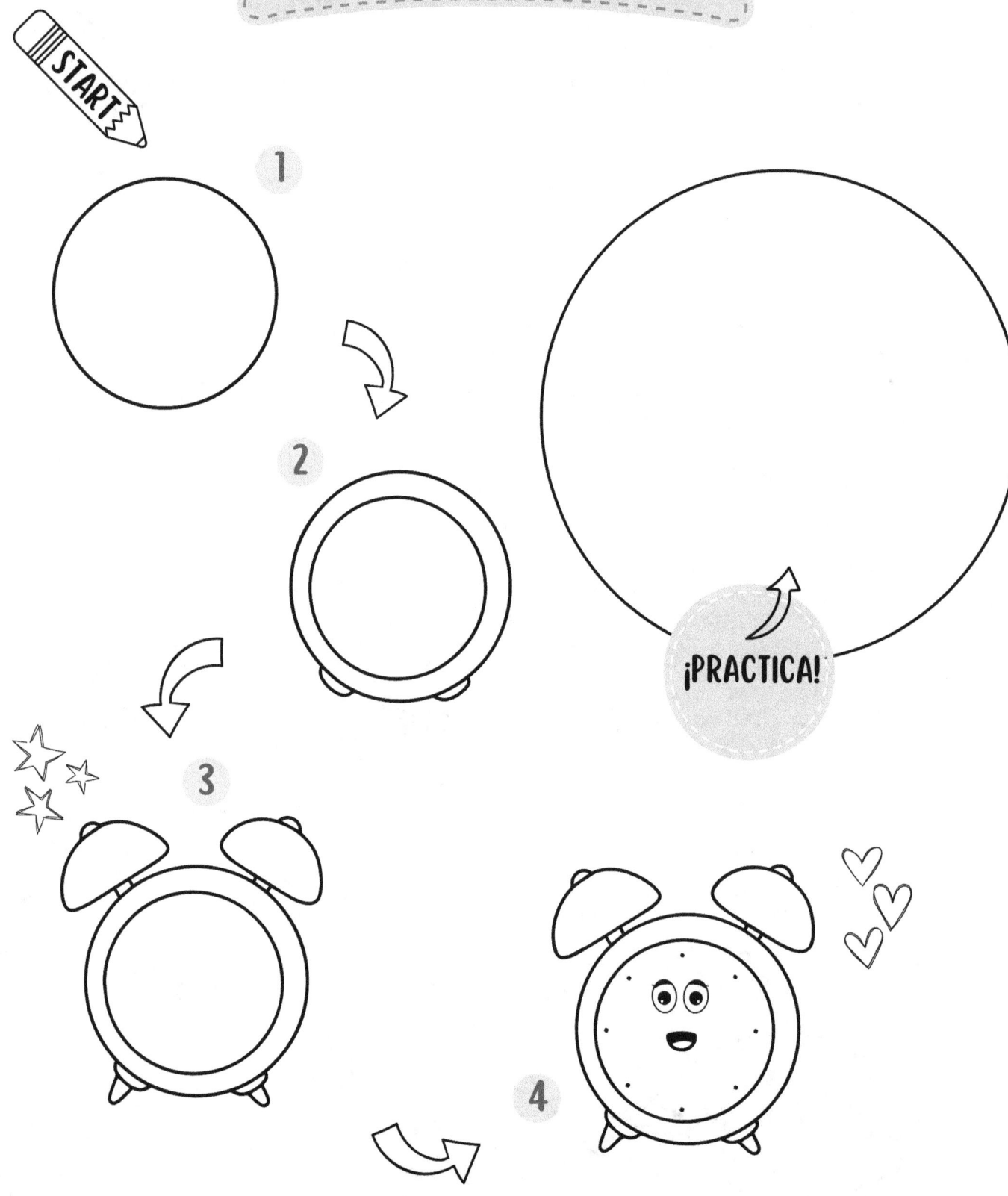

START

1

2

3

4

¡PRACTICA!

MARTILLO

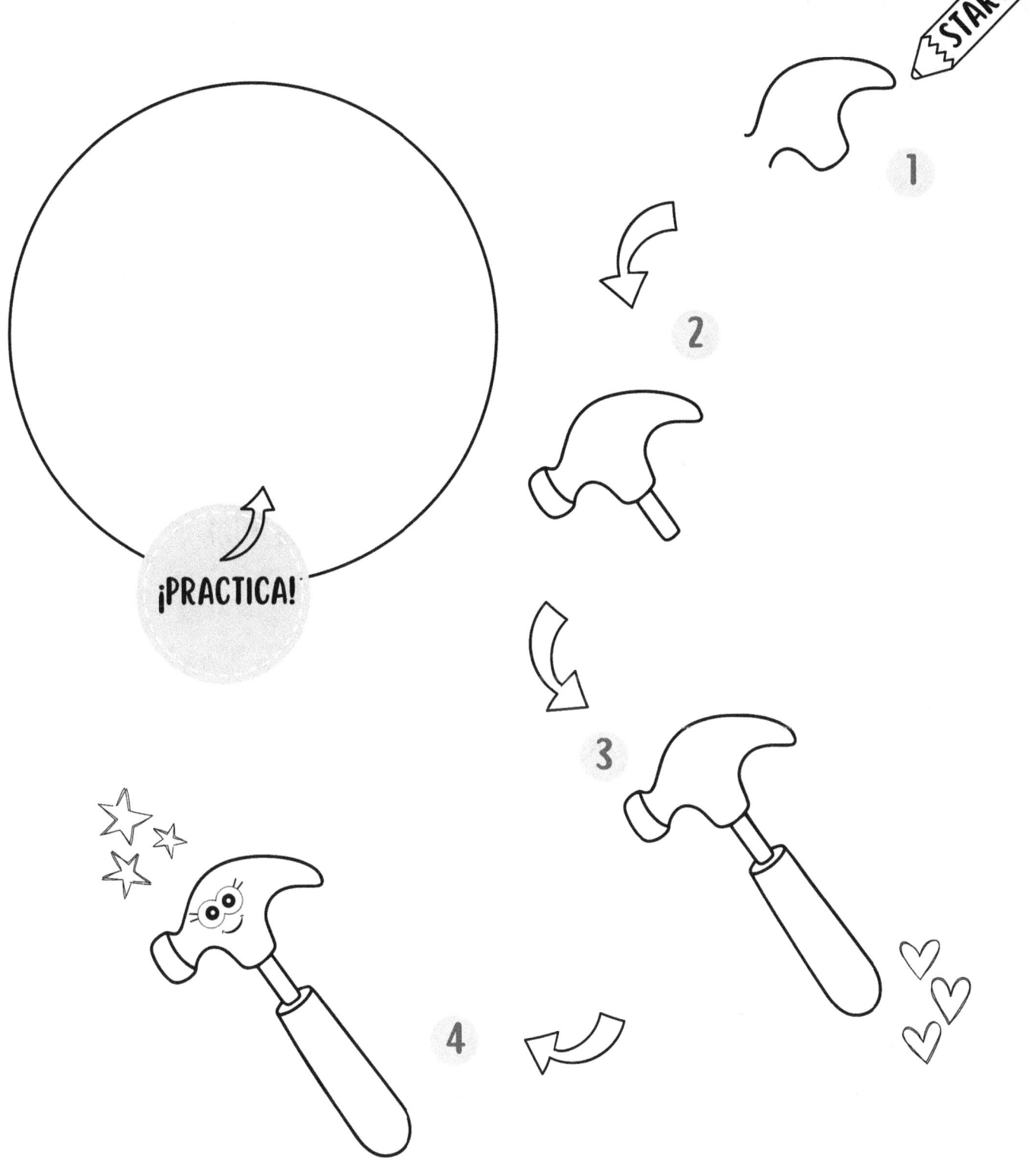

START

1

2

3

4

¡PRACTICA!

ALICATES

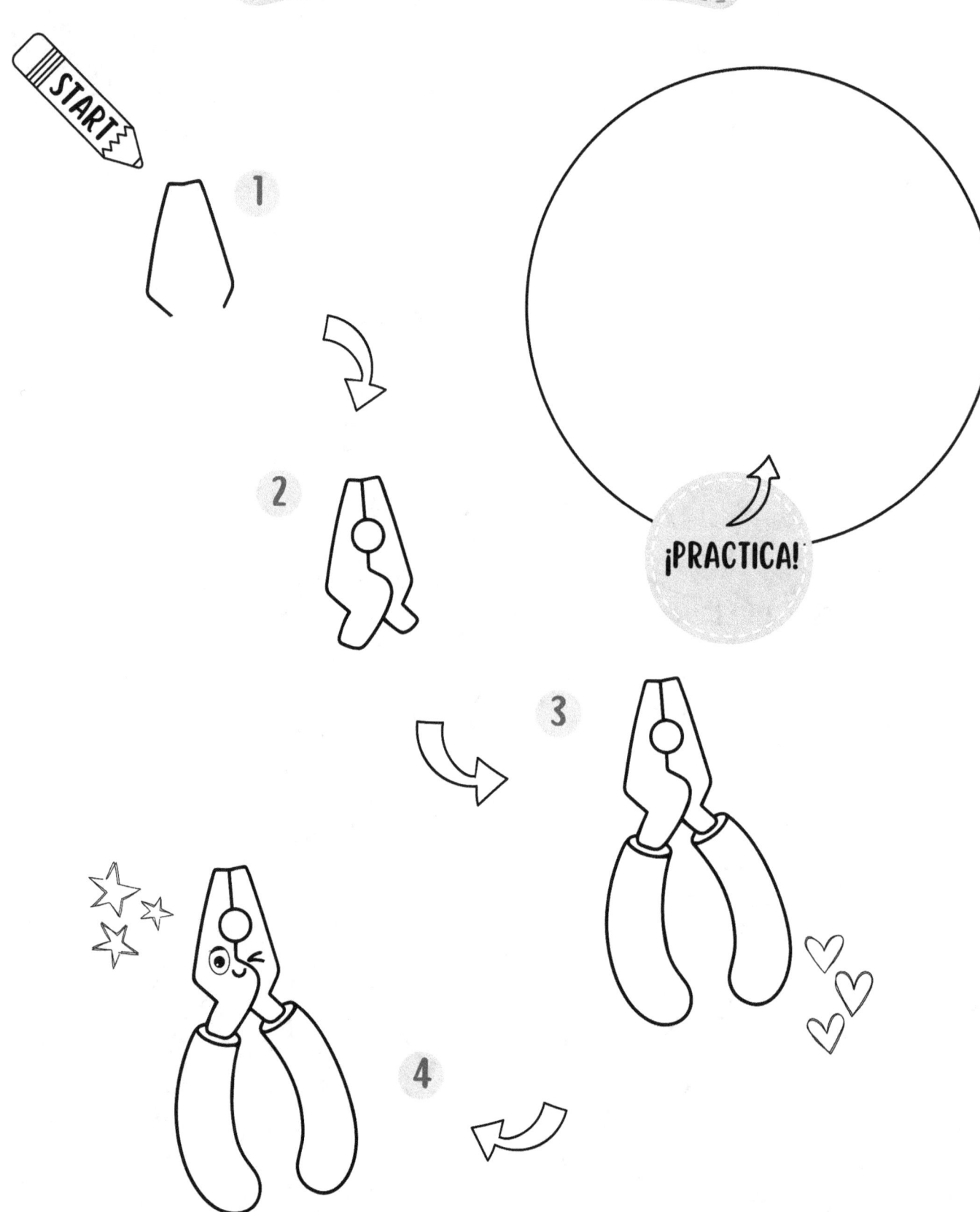

START

1

2

3

¡PRACTICA!

4

DESTORNILLADOR

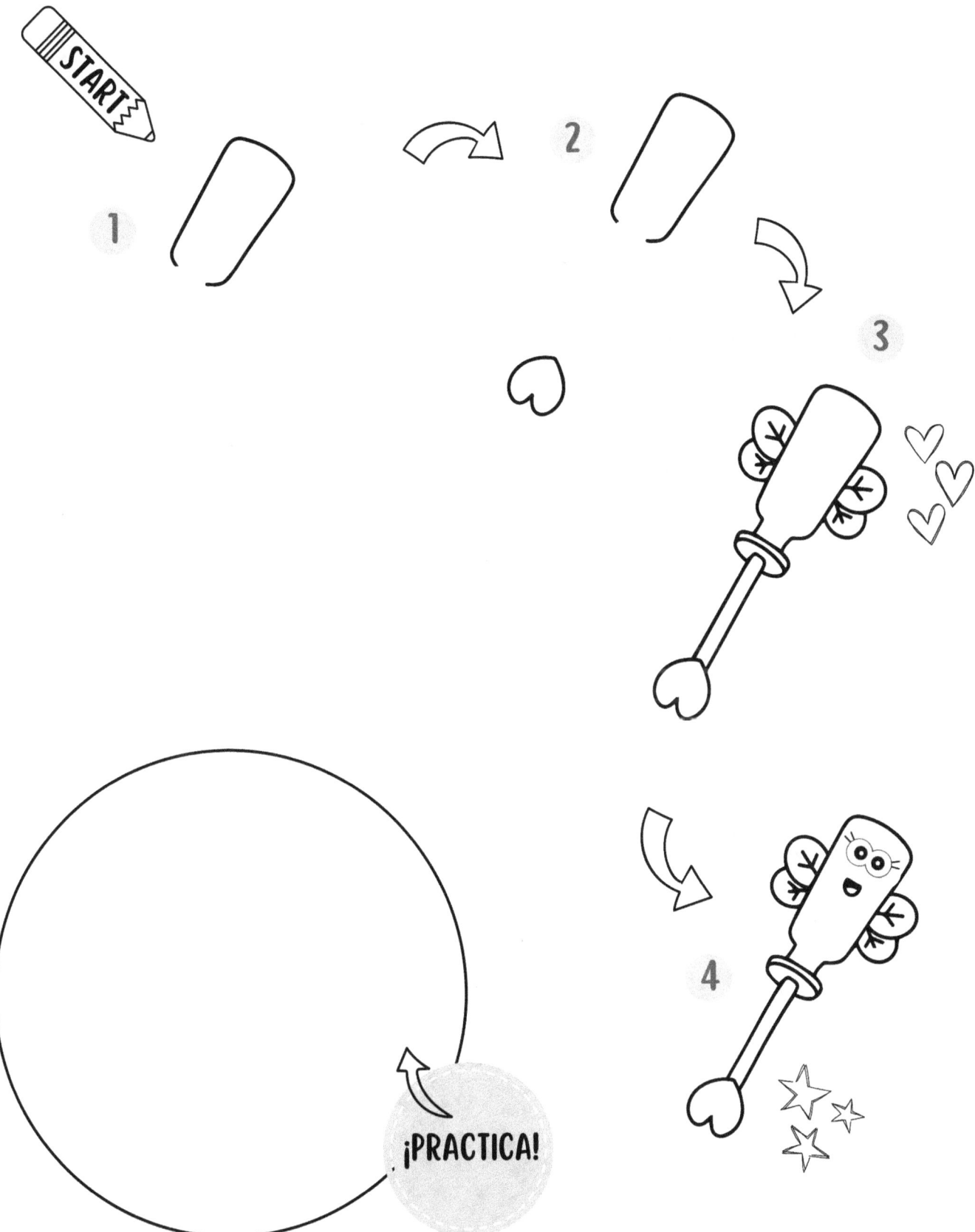

START

1

2

3

¡PRACTICA!

4

BÚHO

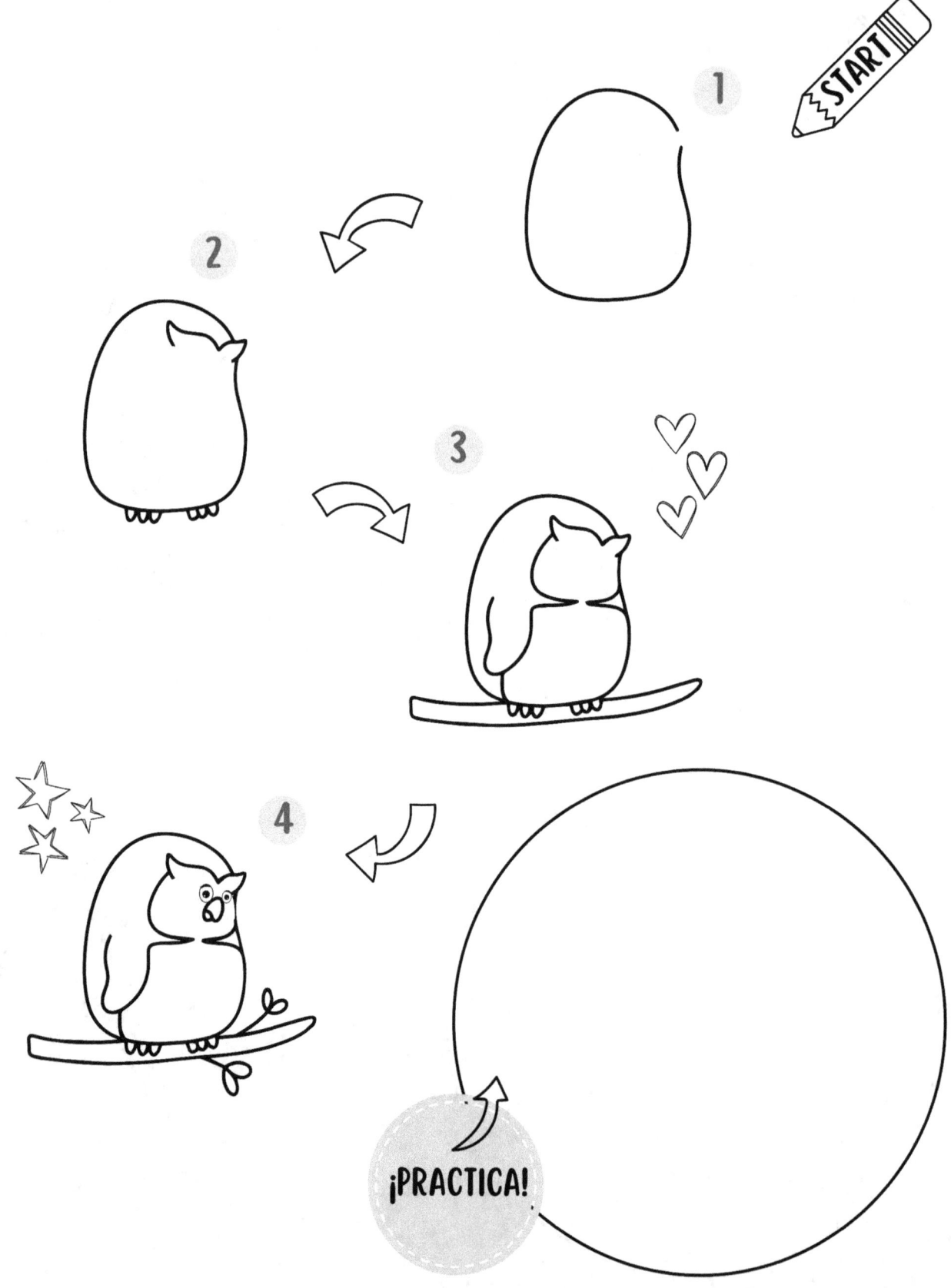

START

1

2

3

4

¡PRACTICA!

GEL

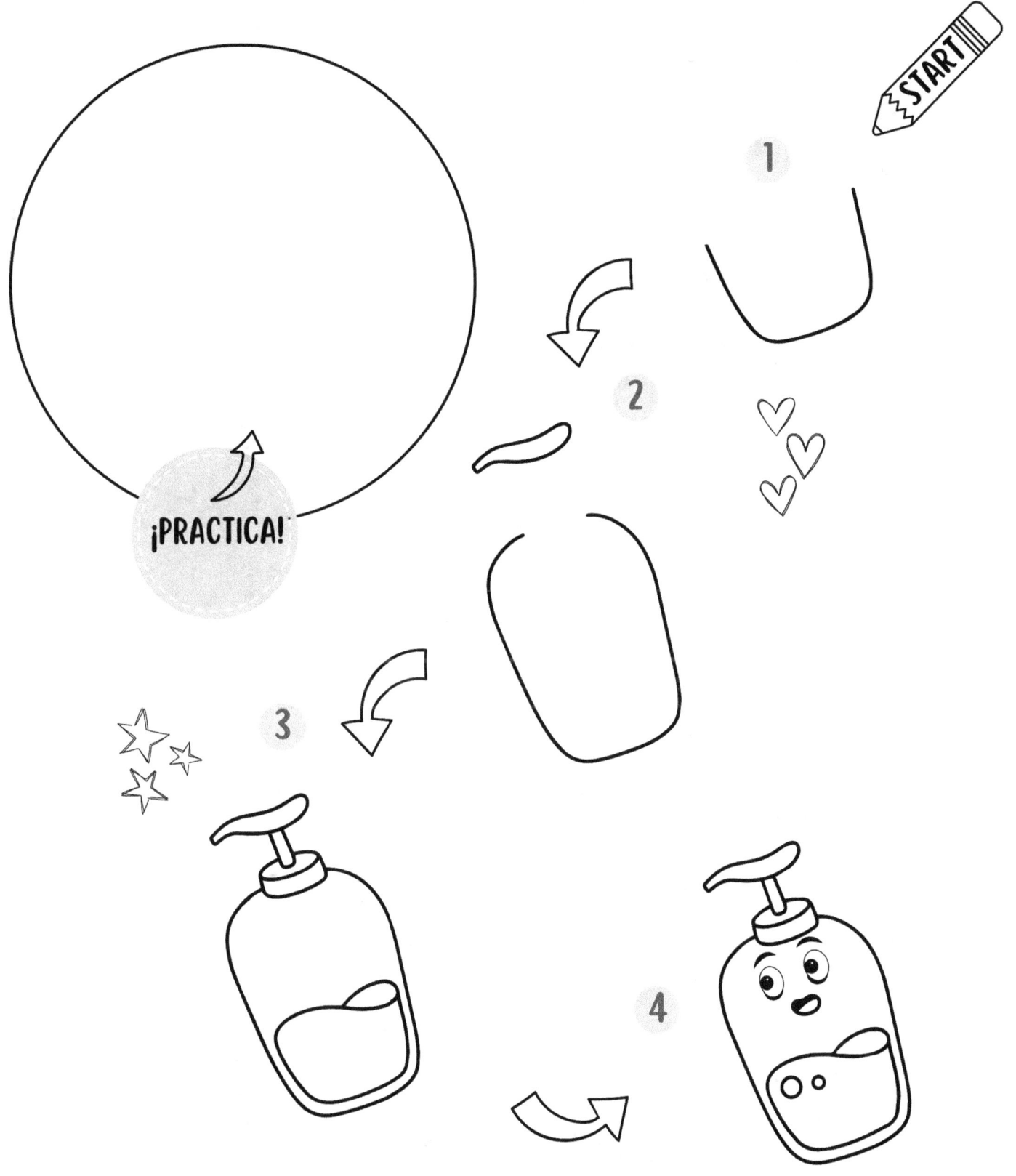

START

¡PRACTICA!

1

2

3

4

MÓVIL

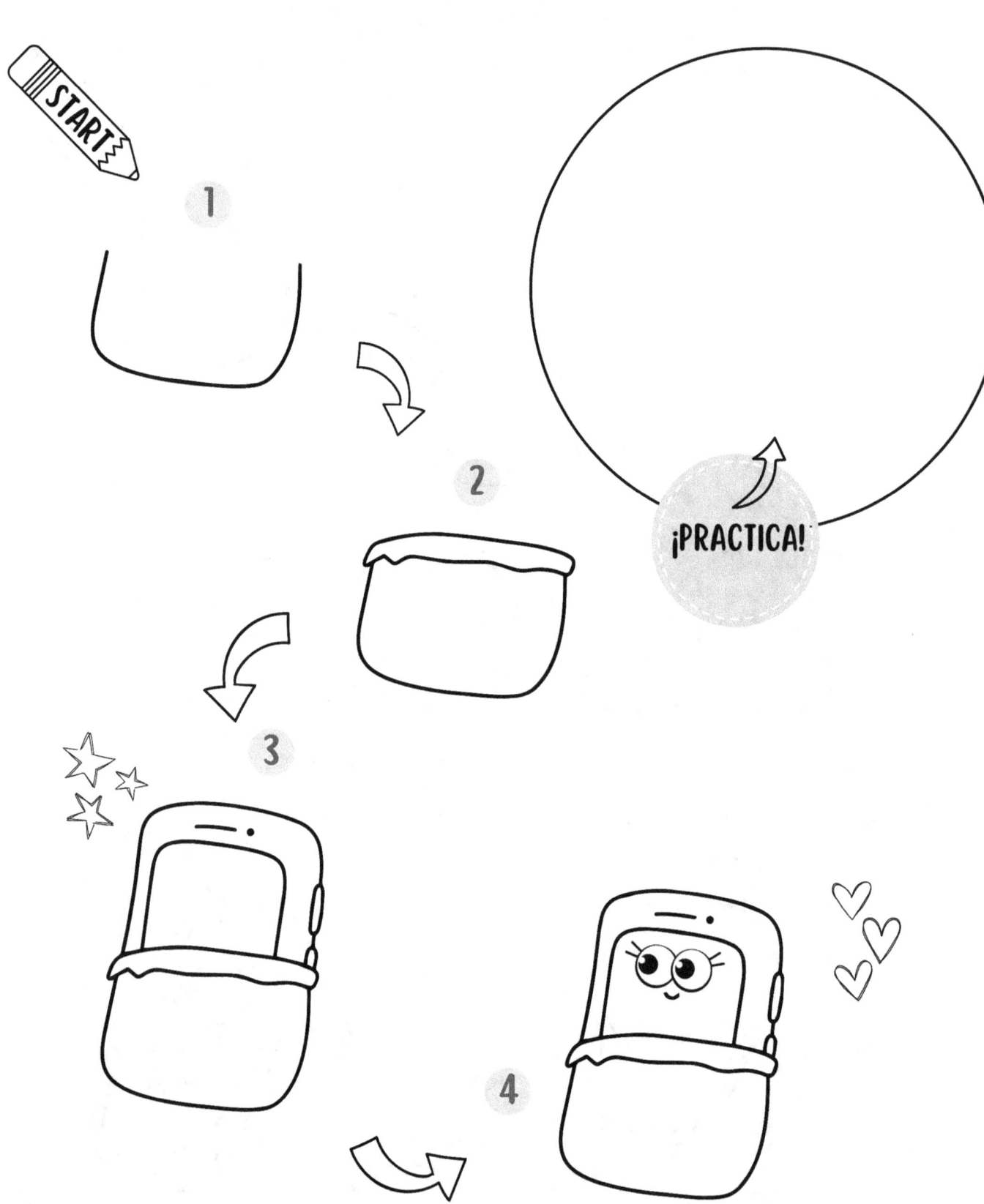

START

1

2

¡PRACTICA!

3

4

ROTULADOR

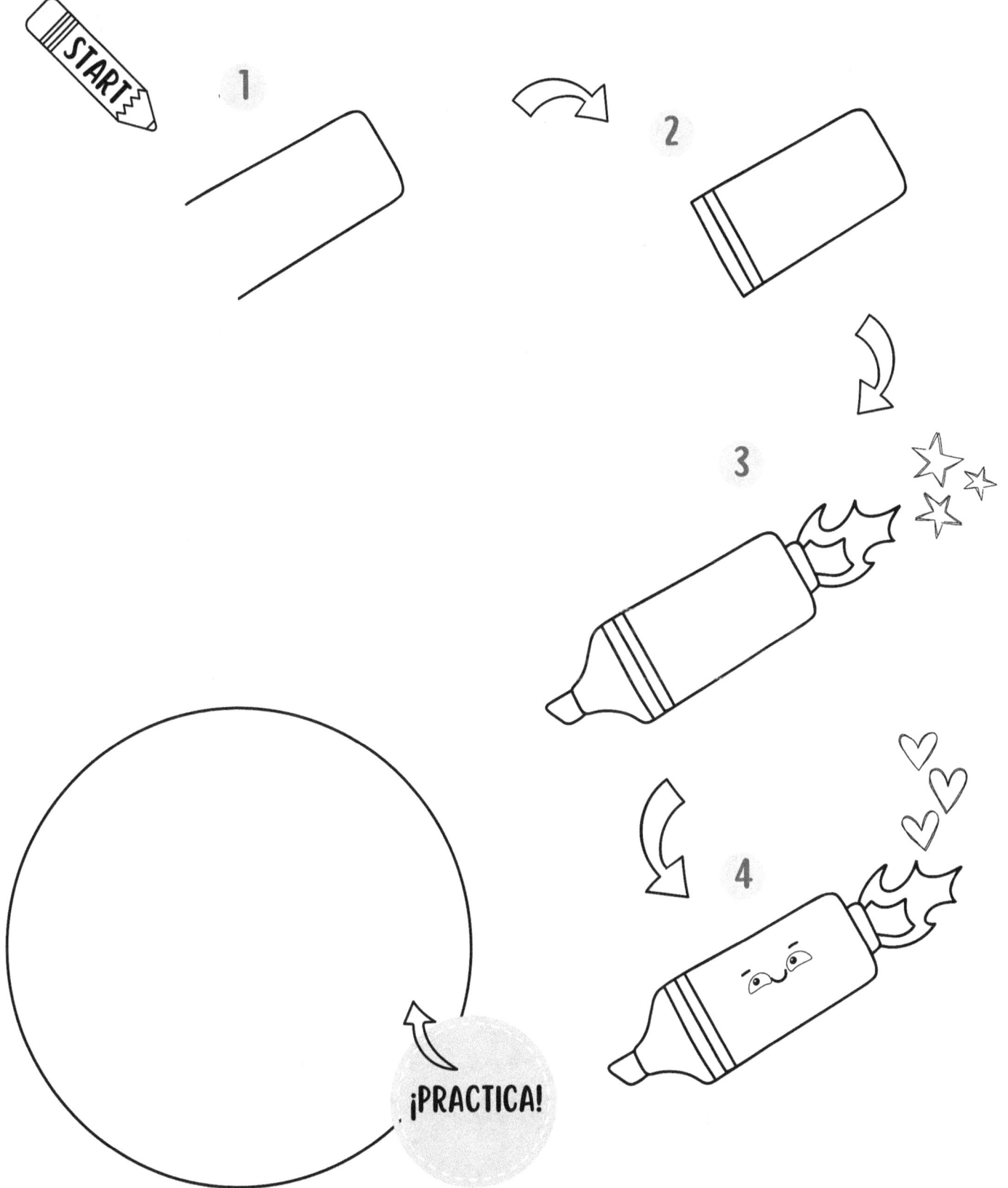

START

1

2

3

4

¡PRACTICA!

PEGAMENTO

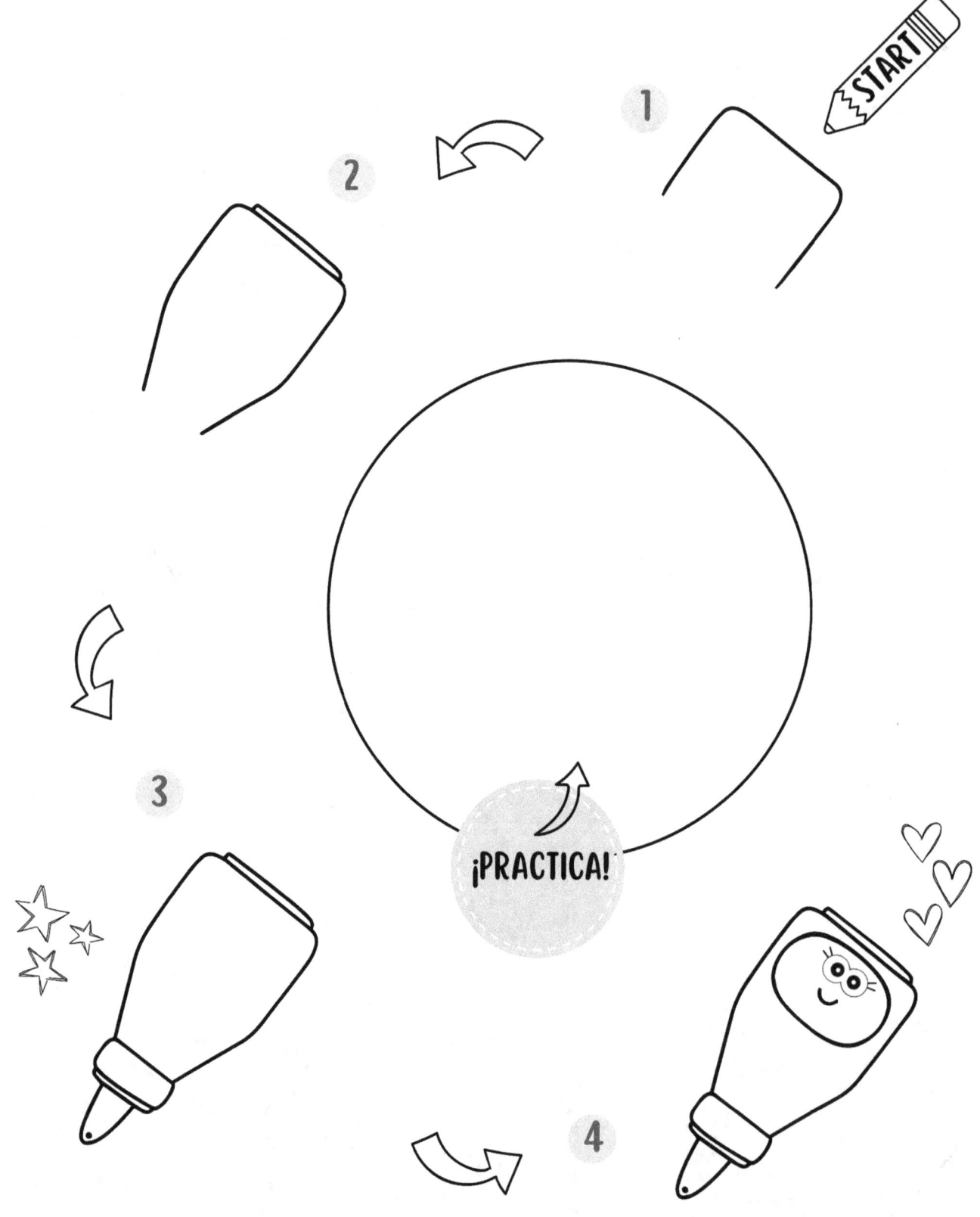

START

1

2

3

4

¡PRACTICA!

HOGUERA

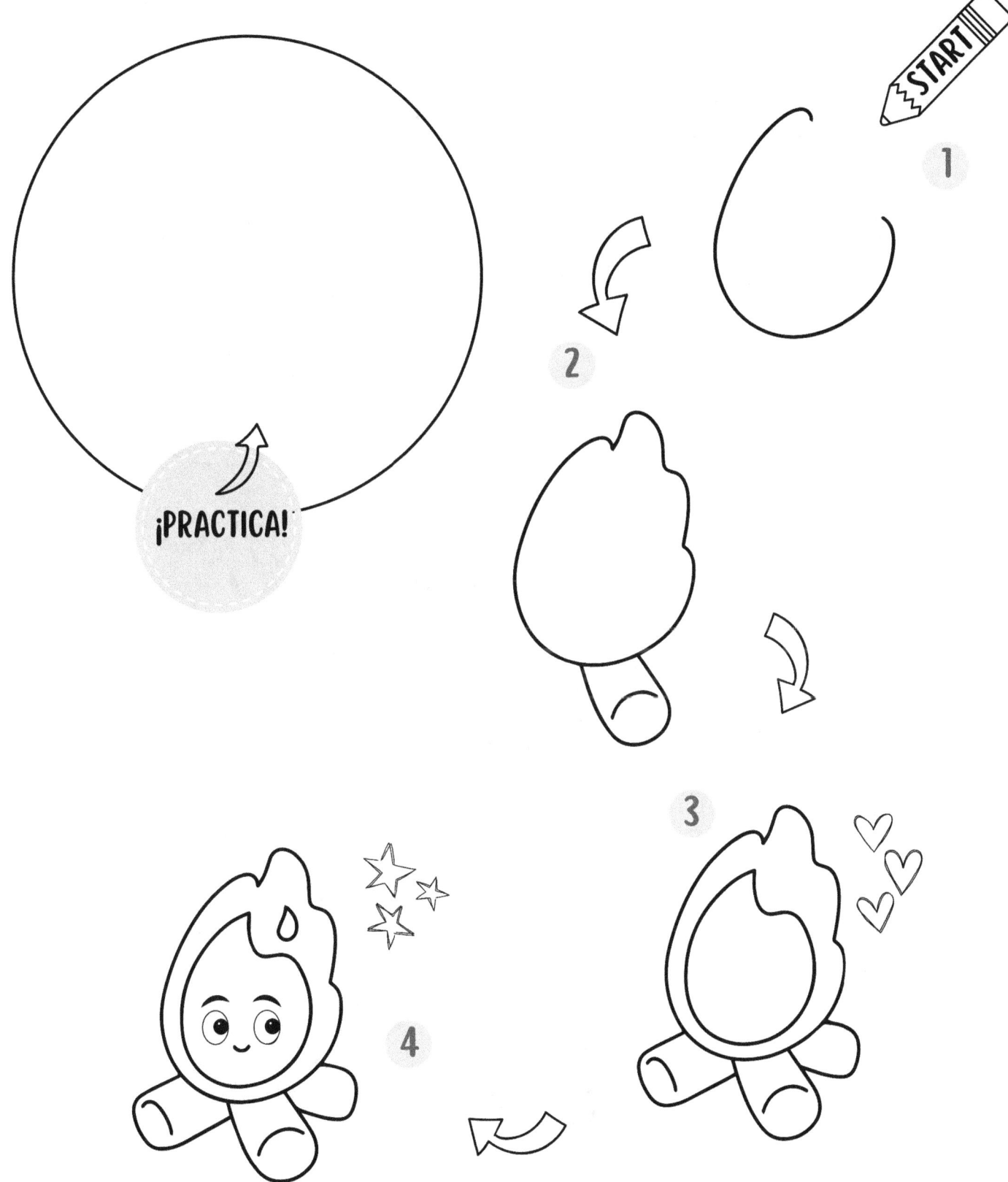

START

1

2

3

4

¡PRACTICA!

MUNDO

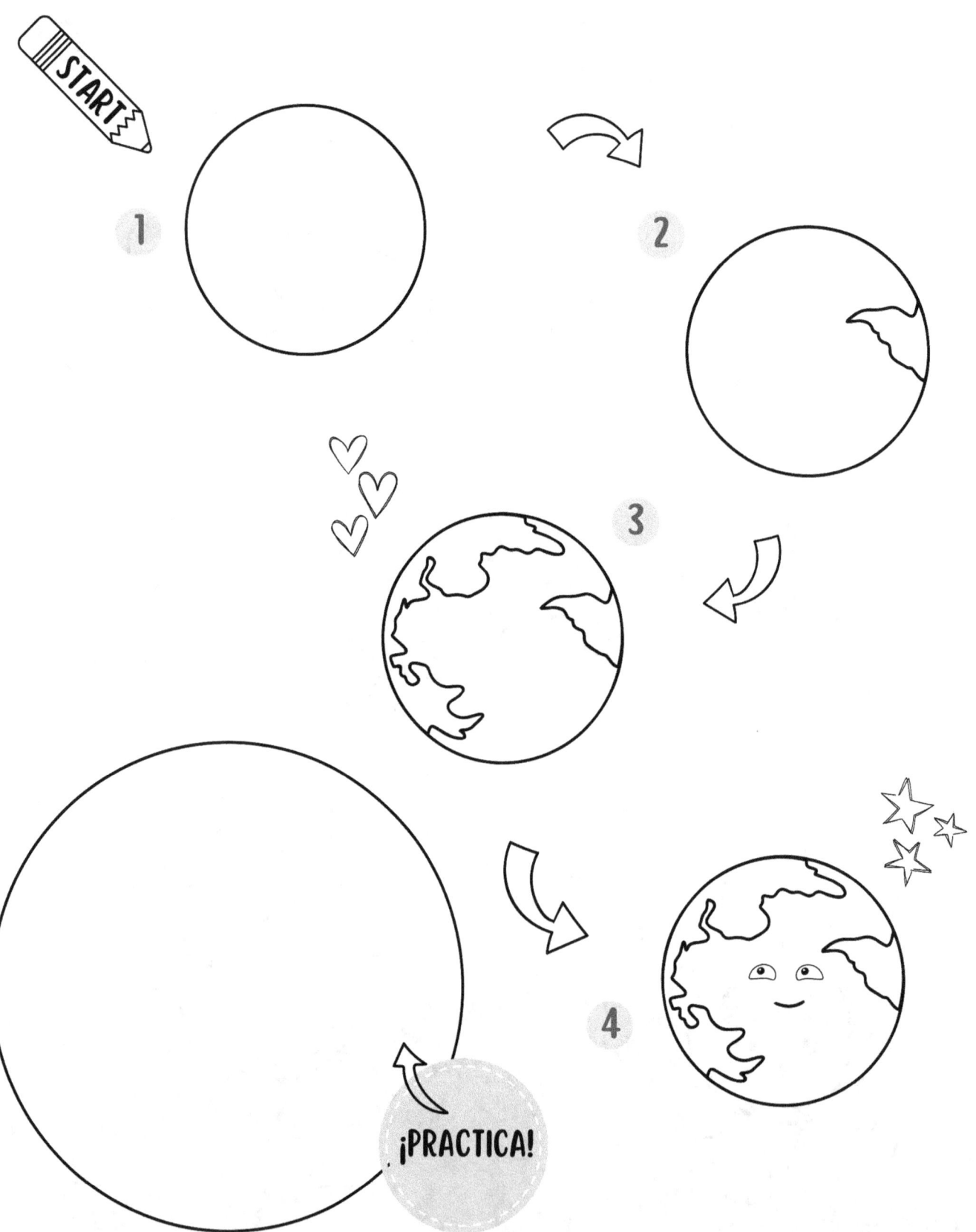

START

1

2

3

4

¡PRACTICA!

BARCO

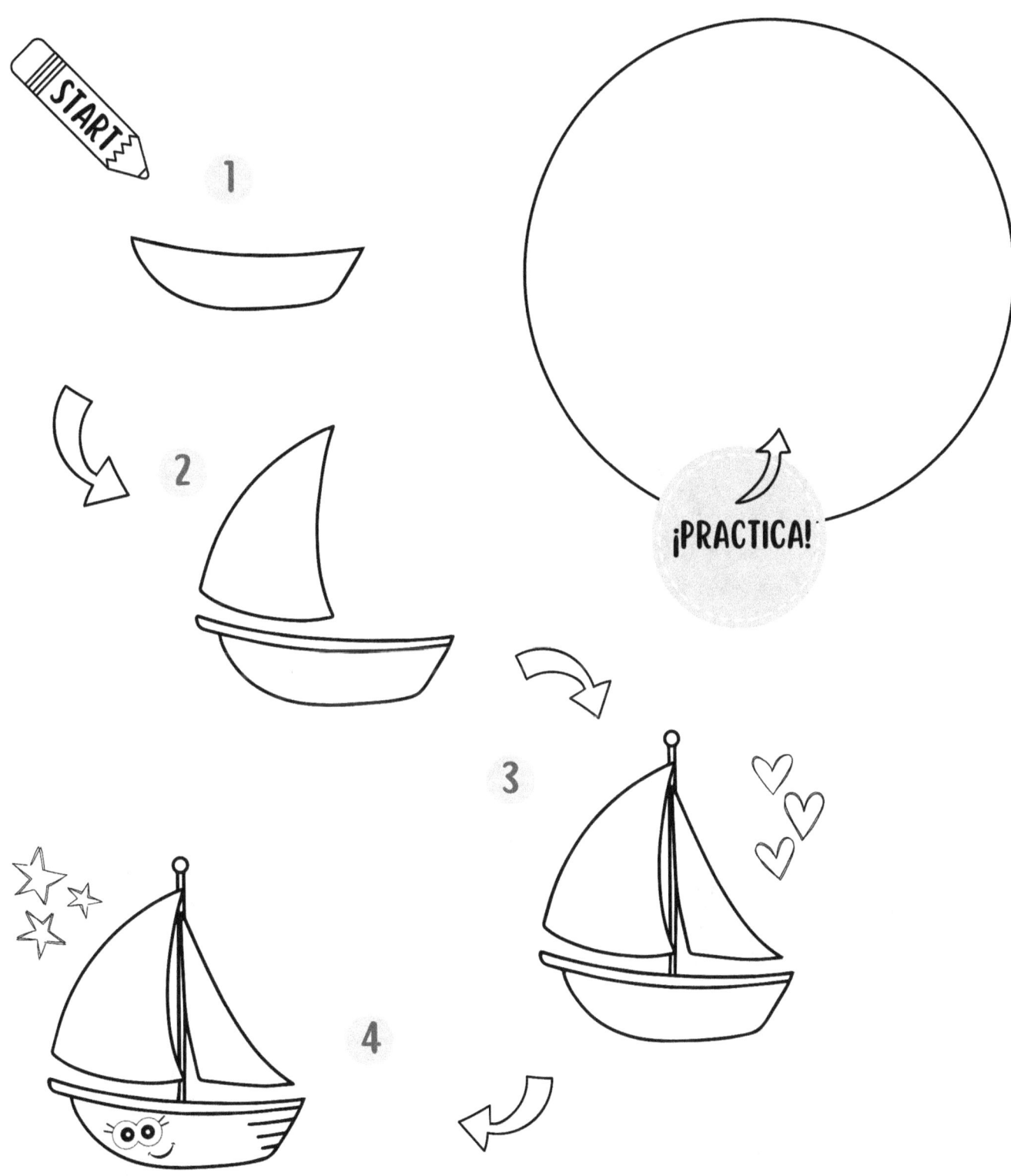

START

1

2

3

4

¡PRACTICA!

GLOBO

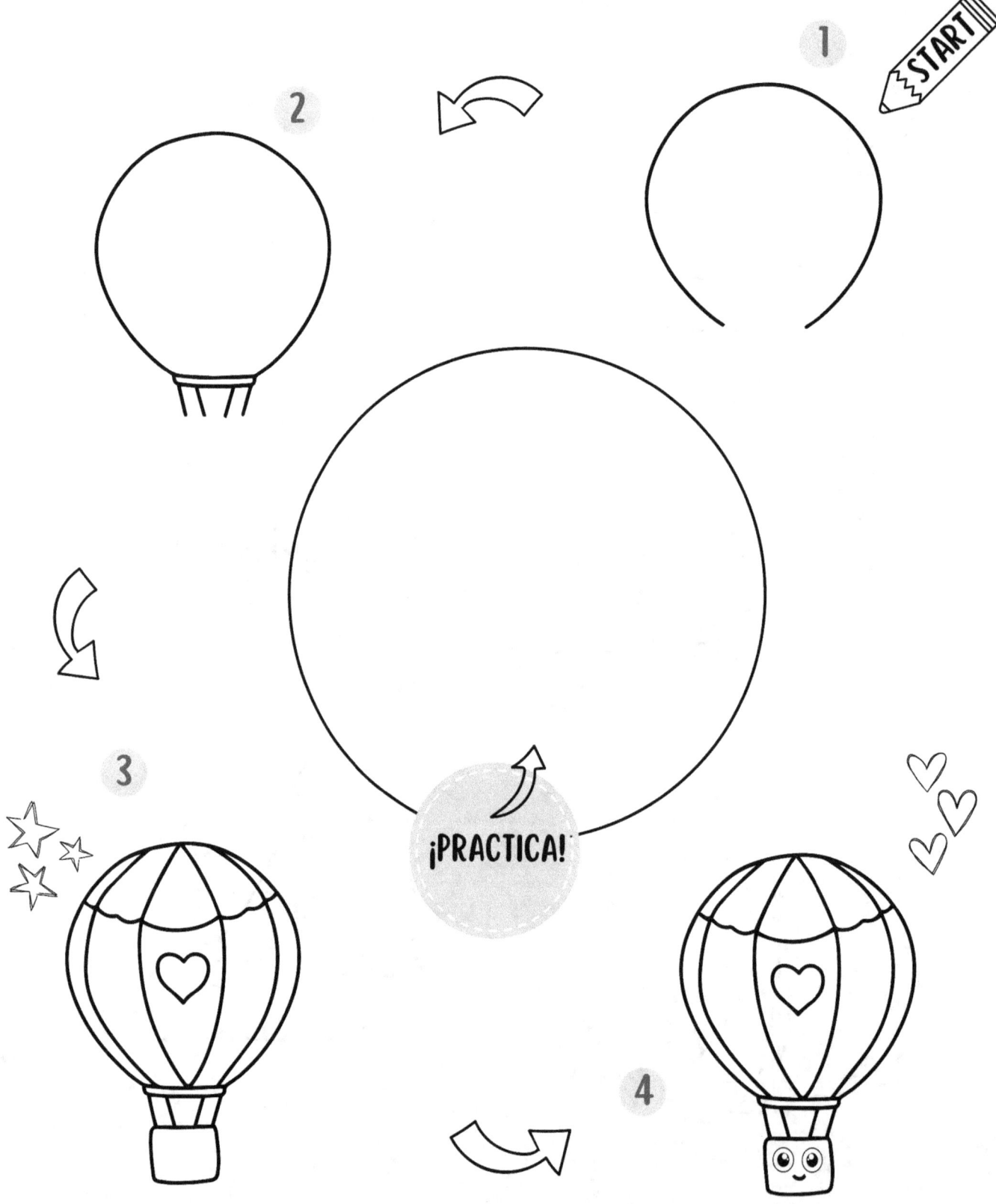

START

1

2

3

4

¡PRACTICA!

SANDÍA

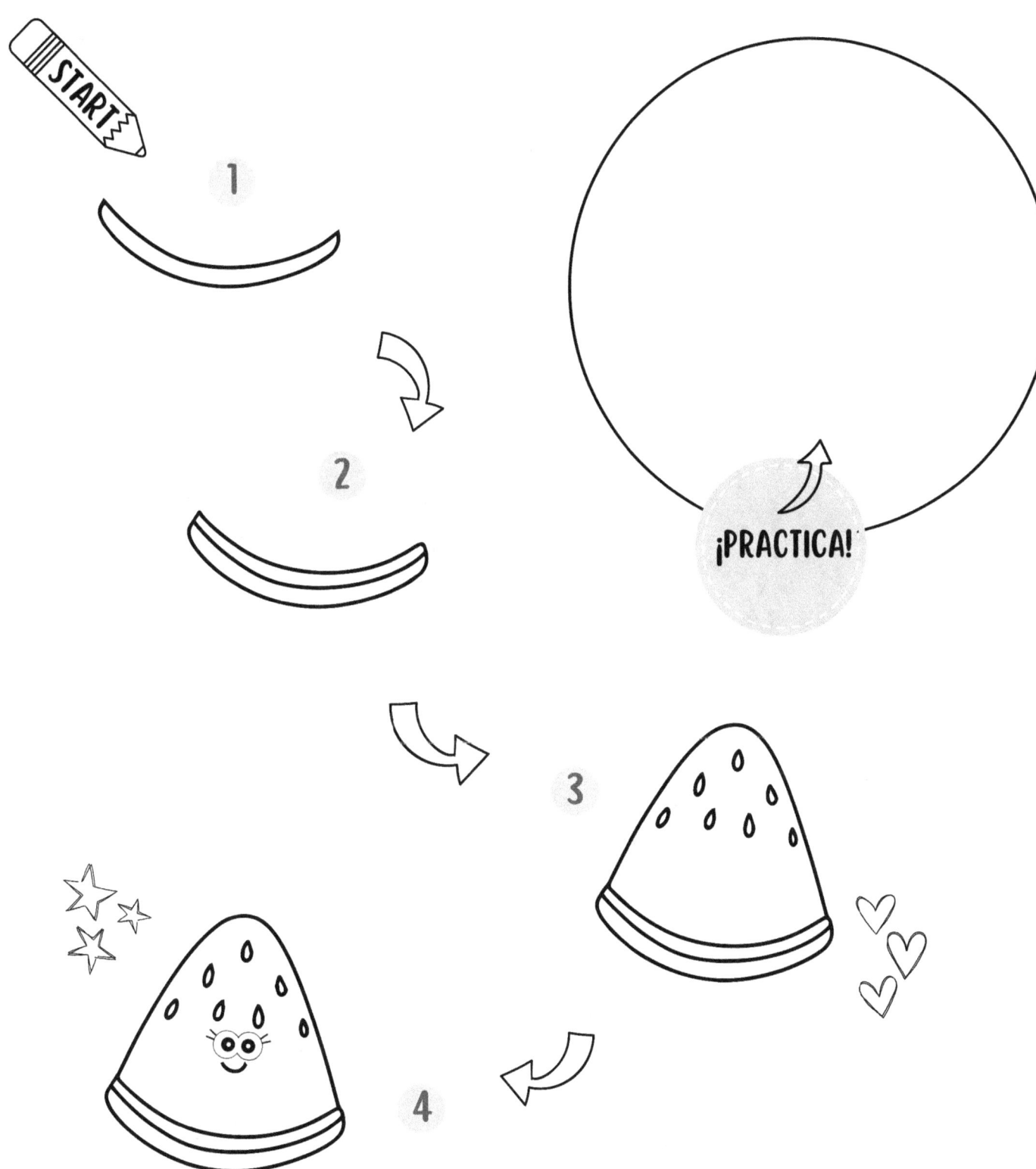

START

1

2

3

4

¡PRACTICA!

POLO

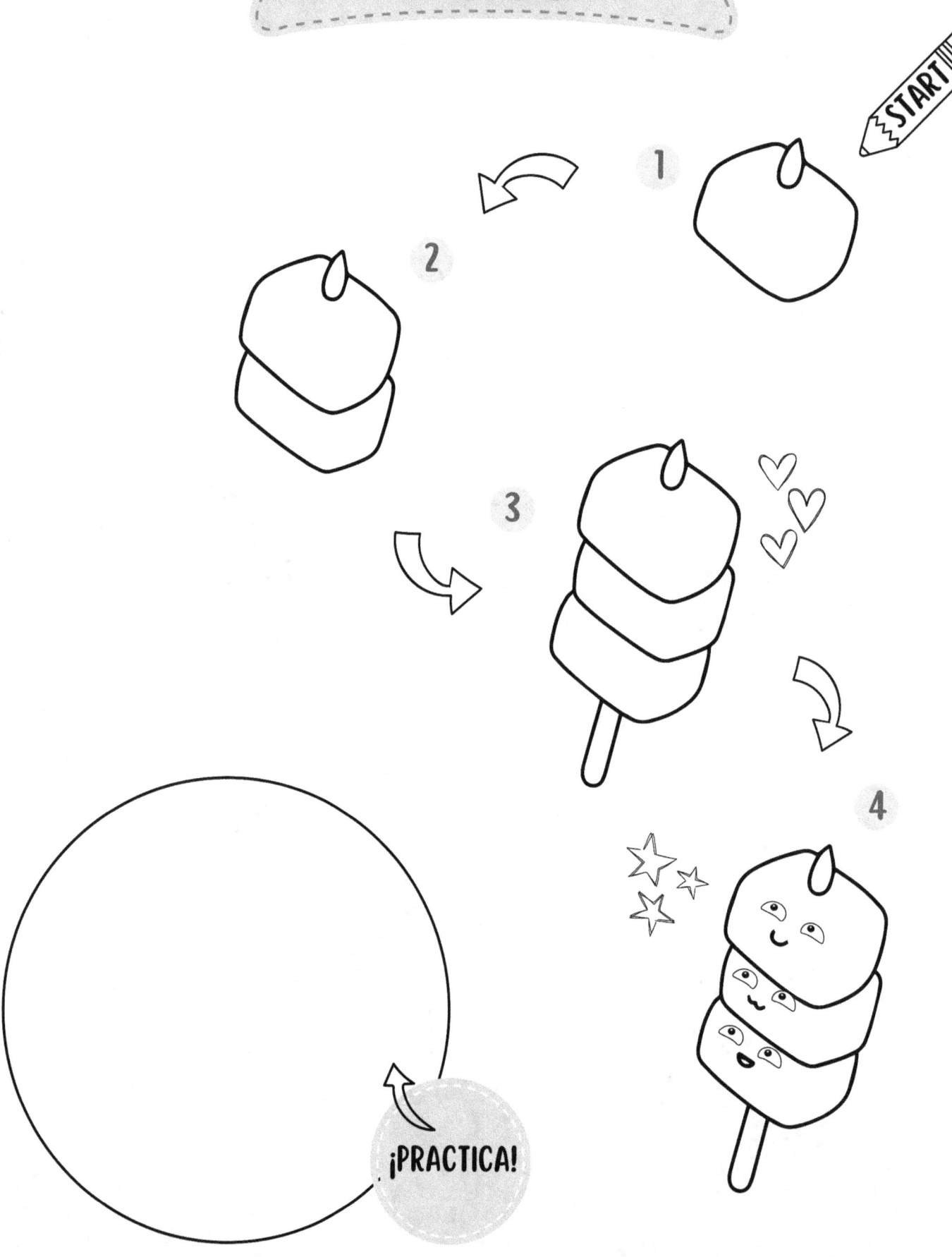

START

1

2

3

4

¡PRACTICA!